Todos los libros de Linkgua Ediciones cuentan con modelos de Inteligencia Artificial entrenados por hispanistas. Pregúntale al chat de tu libro lo que desees acerca de la obra o su autor/a.

Para ebooks: Accede a nuestro modelo de IA a través de este enlace.

Para libros impresos: Escanea el código QR de la portada con tu dispositivo móvil.

Obtén análisis detallados de nuestros libros, resúmenes, respuestas a tus preguntas y accede a nuestras ediciones críticas generativas para una experiencia de lectura más enriquecedora.
La transparencia y el respeto hacia la autoría de las fuentes utilizadas son distintivos básicos de nuestro proyecto. Por ello, las respuestas ofrecen, mediante un sistema de citas, las fuentes con las que han sido elaboradas.

Agustín Moreto y Cabaña

El licenciado vidriera

Barcelona 2024
Linkgua-ediciones.com

Créditos

Título original: El licenciado vidriera.

© 2024, Red ediciones.

e-mail: info@linkgua.com

Diseño de cubierta: Michel Mallard.

ISBN rústica ilustrada: 978-84-1126-814-1.
ISBN tapa dura: 978-84-1126-248-4.
ISBN ebook: 978-84-9897-544-4.

Sumario

Brevísima presentación

La vida

Agustín Moreto y Cabaña. (Madrid, 1618-Toledo, 1669). España.

Sus padres eran italianos. Fue capellán del arzobispo de Toledo y tuvo una vida tranquila. Alcanzó una notable popularidad en los siglos XVII y XVIII. Escribió comedias de carácter religioso, tradición histórica y costumbres. La edición completa de sus obras se publicó en tres partes en los años 1654, 1676 y 1681.

El hombre de cristal

El licenciado vidriera retoma el célebre relato de Cervantes en que se parodia con cierto aire de tristeza las fantasías de un hombre que cree que su cuerpo es de cristal.

Personajes

Carlos, estudiante
Casandra
Gerundio, gracioso
Federico
Pompeyo, viejo
Damas
Laura
Criados
Celia, criada
Soldados
El Duque de Urbino
Músicos
Lisardo
Acompañamiento

Jornada primera

La escena es en Urbino y sus inmediaciones.

Salón del alcázar.

Carlos y Gerundio, de estudiantes.

Una voz
(Dentro.) Nuestro duque viva, viva.

Carlos   Mil siglos goce el Estado.

Gerundio Carlos, señor, ¿qué cuidado
en esta pompa festiva
aumenta las esperanzas
en tu miserable estrella,
pues nunca has sacado della
mas que riesgos y mudanzas?

Carlos   Gerundio amigo, si el cielo
no me niega su favor,
hoy tendrá premio y honor
mi justo y noble desvelo;
de mis estudios espero,
pues tan continuos han sido,
ver el logro merecido.

Gerundio ¿Qué logro ni que logrero?
¿Tu estrella a ti ha de premiarte?
Si premios lloviera aquí,

no se viniera uno a ti,
sino es a descalabrarte.
¿No sabes tu mala suerte
y tus ciegas esperanzas,
pues cuantos bienes alcanzas
en sapos te los convierte?
Pues ¿qué espera tu locura?
¿Tú premios? ¿tú ser dichoso?
Aunque nacieras potroso
jamás tuvieras ventura.
¿No sabes que te he seguido
desde niño en tu partida?
Pues dame un lance en tu vida
que de ventura haya sido.
Si en amores ha de ser,
no hay fregona ni gallega
que para ti no este ciega,
porque no te pueden ver.
Y si en tu pobreza va,
hacen bien, que al pretendellas
¿qué ha de dárseles a ellas
de quien nada se les da?
Y este crédito maldito
nos tiene, para sus yerros,
tan señalados por perros,
que me suelen llamar cito.
Con que, nunca hemos podido,
sino a escuras y callando
enamorar, porque hablando
nos conocen el ladrido.
Esto es de amor, y si quiero
en el juego reparar,

en plantándote a jugar
tienes perdido el dinero.
Que siempre tu suerte trajo
debajo el naipe, se nota;
mas si tu suerte es de sota,
bien hace en venir debajo.
Si al hombre juegas, no hay moros
que te sufran; sin malilla,
brujuleando la espadilla,
siempre te viene el tres de oros.
Paciencia y dinero apuras;
y si a otro juego te metes,
a los cientos te dan sietes,
y a la primera figuras.
Yo de tu suerte soy lince;
mas lo que me dio más queja,
fue ver que un día una vieja
te ganó jugando al quince.
Pues si amor y juego te echa
de su reino desterrado,
¿qué espera el que es desdichado
con trocada y con derecha?
Pretender (tiemblo al decillo)
luz del Sol, no consiguieras;
y si pretensión lo hicieras,
no te diera un tabardillo.
Si el dinero a gastar vienes,
un real por medio te sale:
lo que tienes no te vale;
pues ¿qué hará lo que no tienes?
En todo es tu suerte manca,
y porque vea tu porfía

cuál es tu desdicha, un día
amanecimos sin blanca.
Y estando la panza tierna,
salimos de casa, y luego
tropezaste en un talego
que te quebrantó una pierna.
Llegó a tu voz lastimada
un hombre, el talego alzó
y el dinero se llevó,
y tú la pierna quebrada.
Pues si es este tu destino,
¿con qué esperanza, Señor,
te trae a Urbino el amor?
¿A qué venimos a Urbino,
cuando Bolonia y su escuela
te llama luz de las leyes?
Allí das envidia a reyes,
y asco aquí a cualquier mozuela.
Allí a juventud bizarra
a leer la cátedra vienes
de prima, y aquí no tienes
prima para una guitarra.
Allí mil vítores dejas,
y aquí ignoran si hay tal hombre,
y hay más almagre en tu nombre
que en un rebaño de ovejas.
Pues vuélvete y deja amores;
que más quiero yo, como antes,
ser Gerundio entre estudiantes
que supino entre señores.

Carlos Gerundio, mi mala estrella

no la puedo yo ignorar,
pero no quiero dejar
nada que deberle a ella.
Lo que me puede traer
es pretensión bien fundada,
y por mal solicitada
no la he de dejar perder;
mas referírtela intento,
porque lo conozcas della.

Gerundio   Rabiando estoy por sabella;
             dila por Dios.

Carlos   Oye atento.
             Ya sabes que grato el cielo
             me dio en Urbino, mi patria,
             alto y claro nacimiento,
             sangre ilustre y pobre casa.
             Criéme en esta ciudad
             sin padres (que de la parca
             cortó el impensado filo
             sus alientos en mi infancia);
             pero siendo mi familia
             la más noble y dilatada
             de Urbino, y yo su cabeza,
             por el decoro de tantas,
             socorrido de mis deudos,
             para que no me criara
             sin la decencia debida
             al respeto de mi casa.
             Enfrente de mí vivía
             el feliz padre de Laura,

Pompeyo, ese noble anciano,
a quien el Senado encarga
del gobierno deste Estado,
por su prudencia y sus canas,
su discreción y su sangre,
la justicia y la templanza.
Desde un balcón de la mía
vía todas las mañanas
de Laura en los bellos ojos
mejorar luces al alba.
Desde que a la noche el Sol
me faltaba en sus ventanas
(el suyo, claro es, que el otro
no me pudiera hacer falta),
estaba yo entretenido
con tan dichosa esperanza
en las mías, hasta ver
que haciendo mi amor la salva,
volvía a salir su aurora.
Pues de aplausos coronada
(no menos que cuando al prado
sale derramando nácar
de su rosado esplendor,
donde con lenguas arpadas
los pintados jilguerillos,
cantando en las copas altas,
le reciben esparciendo
los matices de sus alas,
mi amor, al ver que salía,
formando en las verdes ramas
de su alta esperanza el coro),
hacía, por saludarla,

pajarillos los deseos;
que de las colores varias
de afectos y de finezas
matizados por más gala,
prevenían su salida,
diciendo sus consonancias:
«Flores, que ya viene el día;
fuentes, que se acerca el alba;
campos, que el Sol se descubre;
montes, que amanece Laura.»
Porque mi amor entendiese
miré, y mirando callaba;
que a veces callan los ojos
y mudamente habla el alma;
que es rúbrica del amor,
para explicarse quien ama,
tener la lengua en los ojos,
y el silencio en las palabras.
No fue el mío mal oído;
que en el papel de su cara
vi muchas veces escrita
una alegría al mirarla,
que decía: «Ya te entiendo;
y pues me alegro, esto basta
para aviso de tu duda.»
Que como el silencio hablaba,
usó de la misma frase
con que la hablaron mis ansias,
por responderme discreta
con modestia y elegancia.
Fuéronse, dando licencia
a los afectos el alma,

los afectos al semblante,
el semblante a las palabras,
y ellas al concierto alegre
de unir nuestras esperanzas
en la posesión dichosa,
que almas y vidas enlaza.
Para lograrla me dijo
que diese mi industria traza
con que Pompeyo, su padre,
lo quisiese, a quien es tanta
su obediencia, que sin ella,
ni quiere ni vive Laura.
Busqué los medios posibles,
supo Pompeyo mis ansias,
y con cordura y decoro
me respondió: «Yo lograra,
Carlos, con vuestra persona
sucesión digna a mi casa;
mas en la joya de amor
tiene hoy día parte tanta
el caudal y la riqueza,
que, si no es en quien la tasa,
la piedra que la guarnece
es el oro que la esmalta.
Vos sois muy noble y muy pobre,
mi hacienda es solo mi fama;
dos noblezas sin hacienda
se hacen menores entrambas.
Vuestra edad aún es muy tierna,
la de mi hija aún no la iguala;
en el término que queda
la obligación de casarla,

caber puede el mejorar
vos de fortuna; intentadla;
que yo la palabra os doy
de esperar hasta que salga
de lo preciso este plazo,
sin que en él haya mudanza,
hasta ver si es nuestra suerte,
si no liberal, no avara,
dándoos para no ser pobre,
que en vuestra sangre eso basta.
Noble sois y yo os estimo,
vuestra obligación os llama;
adiós pues, que vuestras obras
han de cumplir mi palabra.»
Quedé alentado y corrido
por su atención cortesana:
corrido de mi pobreza,
y alentado a la esperanza.
Dije entre mí: «La riqueza
se adquiere por letras y armas.»
De armas entonces no había
empresa digna en Italia;
las letras, en cualquier tiempo
el que las busca las halla,
y yo a buscarlas resuelto,
partí a Bolonia en las alas
de mi amor, donde juntando,
para lograr mi esperanza,
las ansias de mi deseo,
abrevié el plazo a mi fama;
pues hizo mi suficiencia
a la licencia ordinaria

suplir términos precisos,
dándome con honras tantas
como viste, graduado,
la cátedra, donde hoy gana
tantos aplausos mi nombre.
¡Providencia de amor rara,
saber tan presto a las leyes
las dificultades altas!
Mas no te admires, sabiendo
que las aprendí por Laura,
porque era ley de mi amor
saberlas para alcanzarla;
y para aprender las otras
puse esta ley en el alma.
Hasta aquí nada te he dicho
de lo que trae mi esperanza;
pues oye, que aunque no es esto,
funda su logro esta basa.
Por muerte del duque Julio,
quedó Urbino, nuestra patria,
sin sucesor, y el derecho
dudoso por esta causa
entre tres sobrinos suyos:
uno el que duque hoy aclama,
otro el marqués Federico
de la Robere, y Casandra,
prima hermana de los dos.
Y al querer tomar las armas,
pretendiendo cada uno
la corona, los ataja
el Senado, proponiendo
al Pontífice la causa;

donde a razón reducida,
cada cual pensó lograrla,
alegando sus derechos
con informaciones varias.
Yo viendo que esta ocasión
alentaba mi esperanza,
por elección u destino,
quise fomentar la causa
del Duque, que guarde el cielo,
y intenté con dicha tanta
esta empresa, que escribiendo
una información, se allana
su derecho de tal suerte,
que las tres sentencias saca
conformes, con que de Urbino
por sucesor le declaran.
Alzó por él el Senado
el estandarte a su usanza;
y él obligado de amor
de la divina Casandra,
con la mano la corona
la ofreció, y por obligarla,
la que perdió pretendida
le quiso dar voluntaria.
Mas ella, que aborrecía
su nombre, salió a campaña,
y apeló de la sentencia
al tribunal de las armas.
Con el marqués Federico
viene atrevida y bizarra,
a quien da, si vence al Duque,
prometidas esperanzas.

Y hoy, que su gente se acerca
a vista de las murallas,
el Senado, previniendo
otro ejército, que saca
en defensa de su dueño,
la posesión deseada
del Estado le apercibe.
Esto es cuanto hasta aquí pasa.
Y para que sepas cómo
vienen cosas tan extrañas
a convenir en el logro
de mi feliz esperanza,
por mí el Duque se corona;
Pompeyo, padre de Laura,
es quien las llaves le entrega;
si él cumple con deuda tanta,
bien merece mi fineza
lo que a mi dicha le falta.
Al Duque tengo obligado,
bien agradecida a Laura,
merecido un noble premio,
y empeñado en su palabra
a Pompeyo, y mi fortuna
presente a todo se halla.
No sé si podré vencerla;
mas si su poder me arrastra,
si mi estrella me oscurece,
si mi destino me ultraja,
y la ingratitud me ofende,
consolará en mi desgracia
la gloria de merecerla
al dolor de no alcanzarla.

Gerundio   Tú tienes mucha justicia;
             pero, Señor, esa dama
             ¿sabes tú si corre mucho?

Carlos   ¿Para qué?

Gerundio   Responde y calla.

Carlos   Correrá como mujer.

Gerundio   Pues ¿qué va que no la alcanzas?

Carlos   ¿Por qué?

Gerundio   Porque son ligeras
             las mujeres, y alcanzarlas
             por ligeras no es posible,
             sino aguardando a que caigan.

Carlos   ¡Qué necedad!

Gerundio   ¿No habla desto
             Lex de muliere violata?

Carlos   Pues ¿qué dice aquesa ley?

Gerundio   Que las mujeres violadas
             son, como los lamedores,
             buenas para las mañanas.

Carlos   Deja ahora esas locuras.

Gerundio	Si tú consiguieres nada me lleven dos mil demonios; conozco yo tu desgracia mejor que si la pariera.
Carlos	Gerundio, el amor me valga; si pierdo lo que merezco, ¿de quién, Gerundio, es la causa?
Gerundio	No tienes que gerundiar, porque tu pobreza es tanta, que has de perderla por ella, y un texto te lo declara: Major homo non viatur.
Carlos	¿Qué dices, necio? ¿qué hablas?
Gerundio	Que el que va sin mayordomo no come buena vianda; y esto lo trae Parlador, que es el autor de más fama en locutorios de monjas.
Carlos	Ya el Duque ha llegado, calla, y ya el militar aplauso le hace en palacio la salva.

El Duque, Laura, Celia, Damas, Acompañamiento; Pompeyo, con una fuente de plata, y en ella unas llaves. Dichos.

Voces (Dentro.)¡Viva nuestro duque, viva!

Duque   Logre el cielo mi esperanza,
              vasallos, de ser más padre
              que dueño entre glorias tantas.

Pompeyo   Vuestra alteza, gran Señor,
              reciba de quien las guarda
              las llaves de la ciudad;
              que yo, della y deste alcázar
              alcaide, se las entrego,
              para que esta merced haga
              a quien su elección abone.

Duque   De vuestras leales canas
              las recibo, y a las mismas
              se las vuelvo con la gracia
              del título que han tenido.

Pompeyo   Beso tus heroicas plantas.

Laura   Yo, Señor, por el honor
              que hoy de vos mi padre alcanza,
              pongo a vuestros pies mi labio.

Duque   Levantad, hermosa Laura.
              Nunca es cabal la fortuna:
              que acompañase Casandra
              mi triunfo creyó mi amor;
              mas cuando yo la esperaba
              en mi palacio por dueño,
              en el campo me amenaza.

Laura   La ingratitud, gran Señor,
               da en el delito venganza.

Carlos   (Aparte a Gerundio.)
               Gerundio, agora es buen tiempo.

Gerundio   Pues gerúndiale, ¿qué aguardas?
               ¿Quieres esperar aquí
               que él te gerundie la dama?

Carlos   Dadme, Señor, vuestra mano.

Gerundio   Y dadme a mí vuestra pata.

Duque   ¿Quién sois?

Carlos   Quien en esta dicha
               llega a tener parte tanta,
               que ha conseguido por ella
               mayor renombre a su fama:
               Carlos soy.

Gerundio   Y yo Gerundio.

Duque   Llega a mis brazos, levanta,
               Carlos.

Laura (Aparte.)   (¡Cielos, qué ventura!
               Carlos es; amor te haga
               capaz de hacerme dichosa.)

Pompeyo (Aparte.)   (Carlos es, justa
                    esperanza
                    le trae; si su suerte medra,
                    yo cumpliré mi palabra.)

Duque   Bien dices, Carlos, que tienes
                    parte en mi fortuna, y tanta,
                    que atada a tu pluma debo
                    la posesión deste alcázar.

Gerundio   Y a mí también se me debe
                    parte desto, y no muy mala.

Carlos   Calla.

Duque   ¿Qué se os debe a vos?

Gerundio   No está la cuenta ajustada,
                    mas allá tengo una prenda;
                    que mientras mi amo estaba
                    la información escribiendo,
                    a mí, Señor, me fiaban
                    lo que mi amo comía
                    en un figón junto a casa.

Duque   Razón es pagarlo todo.

Carlos   Calla, loco.

Gerundio   ¿Cómo calla?
                    Que hay solo cincuenta reales...

Duque   ¿De qué?

Gerundio   De callos de vaca.

Duque   Pagaráse.

Gerundio   Sí, Señor,
que tengo allá una sotana;
y esto lo manda la ley,
párrafo cuarto.

Duque   ¿Qué manda?

Gerundio   Que se le paguen a cuarto
los espárragos que daba.

Duque   Carlos, la deuda confieso,
y agora puedo pagarla;
ved en qué ponéis los ojos
de cuanto mi estado alcanza;
que yo... Mas ¿qué estruendo es éste?

(Suenan cajas.)

Lisardo. Dichos.

Lisardo   Señor, la hermosa Casandra,
con el marqués Federico,
a tiro de la muralla
de Urbino ha puesto su gente;
y el intento que los llama,
sin duda es tomar el fuerte

de la colina más alta,
para batir la ciudad.
Preciso es, Señor, que salgas
a desvanecer su intento,
siendo tanta la importancia.

Duque   Lisardo, al punto salgamos;
que hoy quedará castigada
la osadía del Marqués
y el desprecio de Casandra.
Ven tú a mi lado, pues eres
de quien fío la batalla
y a quien debo mi fortuna.
Toca al arma.

Lisardo   Toca al arma.

(Vase con el Duque, las damas y el acompañamiento.)

Laura, Celia, Carlos, Pompeyo, Gerundio.

Gerundio   ¿Ves aquí tu mala estrella,
que porque en darte pensaba
el Duque, al arma tocaron?
¡Maldita sea su arma!

Pompeyo   Seguir al Duque es preciso,
aunque me excusen mis canas.

Carlos   ¡Ah, señor Pompeyo!

Pompeyo   Carlos,

¿qué decís?

Carlos   Mis esperanzas,
ya, Señor, para con vos
deben de estar olvidadas.

Pompeyo   Carlos, a seguir al Duque
aquí la ocasión me llama.
Vos habéis hecho por vos
cuanto un noble pecho alcanza;
ya el mérito está adquirido,
mas sin fortuna no basta.
Y pues se ve vuestra suerte
tan cerca ya de lograrla,
seguidla, que aquí estoy yo
para cumplir mi palabra;
mas advertid que ya el plazo
que os di mucho se dilata,
y que es preciso que yo
trate de casar a Laura.

Laura, Celia, Carlos, Gerundio.

Gerundio   Y el viejo tiene razón,
que ya de sazón se pasa,
y las doncellas maduras
se caen siempre de la rama.

Carlos   ¿También, Señora, mi amor
está de vos olvidado?

Laura   Carlos, si ese es tu temor,

mal debes de haber mirado
mi alegría y mi dolor:
mi alegría, al verte aquí;
mi dolor, Carlos, al verte
que a tus méritos por mí
les niegue el premio la suerte,
para apartarme de ti.
Poder es de estrellas, y ellas
causan, Carlos, mis enojos.

Carlos   Pues siendo luces más bellas,
¿cómo vuestros bellos ojos
dan poder a otras estrellas?
Hoy a las vuestras apelo;
si ellas niegan mi ventura,
no logren pues su desvelo;
que pierde vuestra hermosura
todo el crédito de cielo.
Si él es conmigo cruel,
si de mí estáis obligada,
si mi amor fue siempre fiel,
mi dicha os tiene empeñada
por mí, por vos y por él.
Por vos mi patria dejé,
por vos amigos perdí,
por vos méritos busqué,
por vos, Señora, estudié,
y por vos los adquirí.
Por vos me arriesgué a un olvido,
por vos di a mi amor enojos,
por vos de vos me despido,
por vos desvelé el sentido

y negué el sueño a los ojos.
Pero nada llega a ser
de tanto empeño en los dos,
cuando os pretendo mover,
como el privarme de vos
por poderos merecer.

Gerundio   Y por vos, la mi señora,
fuimos gatos de una guarda
y ratones a deshora,
y aquí venimos ahora
por vos, francesa gallarda.
Por vos a loba y manteo
condenamos nuestras casas,
y a un hambre infusa el deseo,
y cenamos pan y pasas
más de tres años arreo.
Por vos tras viles mozuelas
andábamos todo el día,
y nos mandaban las muelas
salir a rondar cazuelas
en una pastelería.
Por vos todo era comer
mil porquerías extrañas,
y andar al anochecer
pensando en cómo correr
un tostador de castañas.
Y por vos nuestros regalos
eran lo que va a las cubas;
y más de mil veces malos,
porque por ir a hurtar uvas
nos derrengaban a palos.

Por vos hemos padecido
sarna cinco años, sin que haya
de comernos desistido;
mas si así os servimos, vaya
lo comido por servido.
Tratadnos pues de premiar;
que si en amor este día
no nos queréis graduar,
nos iremos a probar
los cursos a Alejandría.

Laura   Carlos, si por mí has pasado
todo lo que has referido,
¿qué hará quien por ver logrado
tu amor, te lo ha permitido,
siendo el suyo tu cuidado?
A ti, solo por vencella,
de mí te ausentó tu suerte;
y yo me quedé con ella
en el temor de perderte
por tu mudanza o tu estrella.
Por ti tu ausencia lloré,
por ti tu vista perdí,
por ti sin alma quedé,
por ti contigo se fue,
porque quedase sin mí.
Mas nada se ha de igualar,
sabiendo tú mi nobleza,
con permitirte ausentar,
para que hicieses fineza
que no te puedo pagar.

Carlos	¿Cómo no puedes, Señora?
Laura	Soy a mi padre obediente.
Carlos	¿Él no la asegura ahora?
Laura	De tu suerte está pendiente.
Carlos	Y ¿si el cielo la mejora?
Laura	Hará feliz mi deseo.
Carlos	Y ¿si fuese desdichado?
Laura	También lo fuera mi empleo.
Carlos	¿No hay valor desesperado?
Laura	Contra el honor no le veo.
Carlos	Pues ¿lo que yo merecí?
Laura	Eso será mi dolor.
Carlos	Y ¿no ha de obligarte a ti?
Laura	A penar callando, sí.
Carlos	¿No a un despecho?
Laura	No, Señor.

Carlos   ¿Eso es amor?

Laura   Y honor es.

Carlos   Pues ¿cuál es más?

Laura   Mi atención.

Carlos   ¿Menos fue amor?

Laura   Fue después.

Carlos   ¿De quién?

Laura   Del noble interés
              de un heredado blasón.
              Carlos, procura obligar
              a mi padre, que aunque lloro
              tu fineza y mi pesar,
              mi amor no puede pasar
              la línea de mi decoro.
              Véte pues, y tu fineza
              lograr su mérito intente;
              que el amor en mi entereza,
              aunque mucho, es accidente,
              y el honor naturaleza.
              Y no dudes que merece
              tu amor, que mi pecho anima,
              mucho más que te parece;
              mas es mi amor quien te estima,
              y mi honor quien obedece.

(Vase.)

Carlos, Celia, Gerundio.

Gerundio   Ah, señora Celia.

Celia   ¿Qué?

Gerundio   ¿No quiere escucharme?

Celia   Sí.

Gerundio   ¿Sabe que la quiero?

Celia   Sé.

Gerundio   Pues yo he de decirle...

Celia   Di.

Gerundio   Que traigo aquí dentro.

Celia   Dé.

Gerundio   ¿No hablas más palabra?

Celia   No.

Gerundio   ¿Mas que te las saco?

Celia   ¡Va!

Gerundio   ¿Quién eso te enseña?

Celia   Yo.

Gerundio   ¿Te olvidaste de mí?

Celia   Ya.

Gerundio   Pues sacudiréte.

Celia   ¡So!

(Hace que se va.)

Gerundio   Espera, pícara, espera;
             que de ese pecho el escollo,
             en que se alberga una fiera,
             he de ablandarte siquiera.

Celia   Gerundio, nupcias o al rollo.

(Vase.)

Gerundio   ¡Bien hemos quedado! Sí.
             ¿Quién tuvo la culpa? Tú.
             Pues yo sé un remedio. Di.
             ¿Viste tu fortuna? Vi.
             Pues ¿qué la diremos? Mu.

Lisardo. Carlos, Gerundio.

Lisardo   ¿Carlos?

Carlos   Oh Lisardo amigo.

Lisardo   Cuando al Duque llegué a hablar,
                  aquí os vi, y vuelvo a lograr
                  la ventura que consigo
                  en veros, aunque faltando
                  a su asistencia. ¿Qué ha sido
                  la causa de haber venido?

Carlos   Vos os venís obligando
                  con publicar la amistad
                  que en vuestra nobleza tengo,
                  pues hoy a valerme vengo
                  de vos en mi adversidad.

Lisardo   ¿Qué decís? Pues ¿no sabéis
                  que por vos vivo me veo?
                  ¿Que la hacienda que poseo
                  asegurado me habéis?
                  ¿Que desde niños, tras esto,
                  juntos nos hemos criado?
                  Decid pues vuestro cuidado;
                  que a todo tenéis dispuesto
                  cuanto valgo y cuanto soy.

Carlos   Lisardo, yo os hago dueño
                  de mi vida y de mi empeño.
                  Y el que tengo y en que estoy,
                  es una dama, por quien
                  salí a revocar mi estrella;
                  cuanto estudié, fue por ella,
                  porque algún premio me den

con que enmiende mi destino.
Ya sabéis que pobre estoy,
y que por mí el Duque hoy
se ha coronado en Urbino.
Y por mi mucha pobreza
su padre no me la da;
vuestra intercesión hará
que me dé el premio su alteza
que mereció mi desvelo,
y con que he de merecella.

Lisardo   ¿Qué decís? ¿Dama hay tan bella
que os cueste tanto desvelo?
No me atrevo a preguntar
quién es dama tan dichosa.

Carlos   Ni yo a recataros cosa,
pues por vos la he de lograr:
la que mi vida restaura
es Laura.

Lisardo (Aparte.)   (¡Cielos! ¿qué
oí?)
Laura, ¿no dijisteis?

Carlos   Sí.

Lisardo   ¿La hija de Pompeyo?

Gerundio   Laura;
que aunque el cielo Lauras eche,
serán con esta un engrudo;
que es Laura, y laurel ser pudo

en un barril de escabeche.

Lisardo (Aparte.)   (Cuando yo espero su
        mano,
        ¿tanto a Carlos empeñó?
        Mas ¿no soy primero yo?)

Carlos   ¿De qué os suspendéis?

Lisardo   No en vano;
        porque vuestro pensamiento
        me ha dado mucho cuidado.
(Aparte.)   (Sin duda haber dilatado
        Pompeyo mi casamiento,
        es por esto; mas yo haré,
        si el premio que solicita
        es quien la dicha me quita,
        que el Duque no se le dé.
        Ingratitud es, debiendo
        a Carlos vida y honor;
        pero primero es mi amor.)

Carlos   ¿Qué decís? que no os entiendo.

Lisardo (Aparte.)   (Mejor es
        disimular.)
        Carlos... Mas faltando estoy
        al Duque; a seguirle voy;
        después me podéis buscar.

(Vase.)

(Tocan dentro a marchar.)

Carlos, Gerundio.

Carlos   Gerundio amigo.

Gerundio   Señor.

Carlos   Todo me sucede mal
              cuanto intento.

Gerundio   ¿Mal? No tal.

Carlos   ¿Por qué?

Gerundio   No es sino peor.
              Darle de tu dama aviso
              no fue acuerdo muy gallardo.

Carlos   ¿Por qué?

Gerundio   Porque este Lisardo
              no me parece muy liso.

Carlos   Amigo, no he de deber,
              por lograrla, cosa alguna
              al favor de mi fortuna;
              yo me la he de merecer.
              Aunque allí quedar presuma,
              a campaña salir quiero,
              y acreditar con mi acero
              los méritos de mi pluma.

| Gerundio | Domine, si, vado tecum, |
| | Y ad praeliandum ha de ser. |

| Carlos | ¿Qué es lo que quieres hacer? |

| Gerundio | Vender este vademecum. |

| Carlos | ¿Para qué? |

Gerundio	Tu juicio es corto:
	por comprar, por sí o por no,
	una mochila, que yo
	omnia mea mecum porte.

| Carlos | Ven pues, Gerundio, y salgamos |
| | a campaña hoy, si podemos. |

| Gerundio | Vamos pues, y campañemos |
| | cuanto campañear podamos. |

| Carlos | ¡Amor ingrato! |

| Gerundio | ¡Amor romo! |

| Carlos | Por ti a morir voy sin duda. |

| Gerundio | Si nos echan una ayuda |
| | con girapliega de plomo. |

| Carlos | Adiós pues, bello cuidado; |
| | que aplausos tuyos son éstos. |

Gerundio   Adiós párrafos, y testos;
             que dellos voy atestado.

(Vanse.)

Campo delante de los muros de Urbino.

Casandra, Federico, Soldados.

(Tocan cajas dentro.)

Casandra   Desta colina, Federico, quiero
             amparar nuestra gente,
             para que cuando intente
             acometer el Duque, como espero,
             halle nuestro escuadrón con la ventaja
             que el suyo suba lo que el nuestro baja.

Federico   Que será presto la ocasión no ignores;
             sus bizarros soldados,
             de plumas y colores variados,
             parecen un jardín de hermosas flores;
             mas todos son despojos,
             bella Casandra, de tus bellos ojos.
             Si la palabra cumples que le has dado
             a mi incierta esperanza,
             en vano el Duque alcanza
             posesión de su Estado;
             que hoy le veré rendido,
             a mi valor, del tuyo socorrido.

Casandra Aunque no me obligara, Federico,
el favor que te debo
cuando mi aliento pruebo
en la guerra que al Duque le publico,
por lo que yo aborrezco su persona
te entregaré la mano y la corona.
La fama, las noticias que me han dado
de su estilo y su traje,
su soberbia y lenguaje
(indigno de quien es) me han obligado
a un aborrecimiento,
con que aun su nombre ofende él pensamiento.
Que aunque yo no le he hablado ni le he visto,
ni el a mí, sino fue por un retrato
(de cuyo pincel grato
el efecto resisto),
en el amor que dice que me tiene,
su fama tanto agravio me previene.

Federico Ya, pues están los campos frente a frente,
si nos da la batalla,
manda salir tus ojos a ganalla.

Casandra Sobrado es el esfuerzo de tu gente.

Gerundio. Dichos.

Gerundio Carlos. ¿Dónde me lleva su destino?
Carlos, espera, que perdí el camino.
Cielos, este hombre está loco,
que se viene a meter ciego
en el campo del contrario.

Señores, ¿cuál es su intento?
Aquí nos prenden, y dan
una vuelta de podenco.

Casandra   ¿Quién es este hombre?

Federico   No sé.

Casandra   ¡Ah, soldado!

Gerundio   Dicho y hecho;
ve aquí que ya estoy cautivo.

Casandra   ¿Dónde vas?

Gerundio   Pues a saberlo,
¿qué me faltara a mí? Sarna.

Casandra   Pues ¿quién sois?

Gerundio   Soy un engerto
de soldado y estudiante,
de sopista y bandolero.
Ve aquí usted todas las señas:
ortera y calzón de lienzo,
mochila, espada y sotana;
pero coleto no tengo,
porque no piensen ustedes
que me han pescado el coleto.
(Aparte.)   (¡Si me mandan dar aquí
quince vueltas de tormento,
pensando que soy espía!)

Casandra   ¿De dónde sois?

Gerundio   Yo soy queso.

Casandra   ¿Queso vos?

Gerundio   Soy parmesano.

Casandra   ¿De Parma sois?

Gerundio   Ya yo quiero
confesar; no se apresuren.

Casandra   ¿Qué habéis de confesar?

Gerundio   Bueno,
cuanto sepa. ¿Debo más?
Que el Duque sale hecho un perro,
jurando a tantos y cuantos
que ha de quitar el pellejo
a Casandra y Federico,
y curtillos este invierno
para suelas de zapatos,
porque quiere pisar quedo.

Casandra   ¿Eso intenta?

Gerundio   Sí, Señora,
y cierto que es gran desuello.

Casandra   Y vos ¿dónde vais?

Gerundio   Yo vi
                 estos dos campos opuestos,
                 y quiero sentar la plaza
                 con el que diere más sueldo.

Casandra   ¿Sabéis el mío?

Gerundio   Eso busco,
                 para saber si harto tengo.

Casandra   Pues ¿qué habéis menester vos?

Gerundio   Eso, llegando a concierto,
                 yo me pondré en la razón.
                 Con ocho panes y medio,
                 y nueve azumbres de vino,
                 y once piernas de carnero,
                 diez varas de longaniza,
                 reñiré como un tudesco.

Federico   Señora, ya el Duque da
                 la seña de acometernos.

(Tocan dentro.)

Casandra   Con ese intento, sin duda,
                 sube a la colina un tercio.
                 Federico, al arma toquen.

Federico   Ya sus soldados lo han hecho.

Voces (Dentro.) ¡Viva el Duque!

Duque
(Dentro.)   ¡Al arma, amigos!

Casandra   Ea Marqués, a nuestro puesto.

Federico   Soldados, a acometer.
             ¡Al arma, amigos!

Casandra   A ellos.

(Vase con Federico y los soldados.)

Carlos. Gerundio.

Gerundio   ¿Qué es arma? Que yo presumo
             que tocan a estarse quedos.
             ¡Cielos, cuál andan los golpes!

Carlos   Ayude el cielo mi intento;
             que hoy los hechos del romano
             ha de oscurecer mi acero.

Gerundio   ¿Carlos?

Carlos   ¡Oh Gerundio amigo!

Gerundio   ¿Dónde vas, o con qué intento
             al campo del enemigo
             te has ido a meter? ¿Qué es esto?

Carlos   Intento, amigo, una hazaña
que deje memoria al tiempo
de lo que pudo el amor;
pues por él a morir vengo
o a mejorar de fortuna.
Mas ya el horror del encuentro
ocasiona mi designio;
quédate aquí, que ya vuelvo.

(Vase.)

Gerundio; luego el Duque, dentro.

Gerundio   Espera, Carlos, espera;
mas ¿quién me mete a mí en eso,
si no estoy enamorado?

Duque
(Dentro.)   Ganad, soldados, el puesto;
arriba, que yo os asisto.

Gerundio   ¿Arriba? Abajo van ellos.
¡Madre de Dios, qué conflito!

El Duque, Lisardo, Soldados. Gerundio.

Duque   Mucha resistencia han hecho
los soldados de Casandra;
los nuestros bajan huyendo.
Lisardo, aquí los anima;
que yo voy a detenerlos.

(Vase con los soldados.)

Lisardo, Gerundio.

Lisardo   Amigos, subid arriba;
             no volváis la cara al riesgo.

Gerundio   Si arriba les dan la vuelta,
             ¿qué quiere usted que hagan ellos?

Lisardo   Mas un soldado entre todos,
             con una mujer, rompiendo
             baja por nuestro escuadrón;
             ¡gran valor! ¡bizarro aliento!

Carlos, que trae a Casandra en sus brazos. Dichos.

Carlos   Ya, aunque muera, la fortuna
             la gloria deste trofeo
             no me ha de poder quitar.

Casandra   Atrevido caballero,
             aunque seáis mi enemigo,
             la osadía del intento
             os hace digno de que
             logréis vos mi rendimiento.

Carlos   Lisardo.

Lisardo   ¡Carlos! ¡qué miro!

Carlos   Aquí a Casandra os entrego,

porque seáis vos testigo
de lo que al Duque merezco.
Mas aún queda más que hacer:
a la batalla me vuelvo;
que aunque he logrado este triunfo,
no lo es sin el vencimiento.

(Vase.)

Casandra, Lisardo, Gerundio.

Gerundio   Vive Dios, que la pescó;
                señores, el juicio pierdo.
                ¡Que sea pobre mi amo,
                pudiendo ganar un reino
                con irse a pescar Casandras!

Lisardo
(Aparte.)   (Si lo que Carlos ha hecho
                sabe el Duque, le ha de dar
                tan aventajados premios,
                que ha de conseguir a Laura.)

Casandra   Mi fortuna lo ha dispuesto;
                ya soy vuestra prisionera.

Lisardo   Señora, de mi respeto
                mirada, no como presa
                seréis, sino como dueño.
                Mas ya el Duque viene aquí.

El Duque, Soldados. Dichos.

Duque   Ya mis soldados volvieron,
                     que de uno solo alentados
(que para premiar su esfuerzo
                     quisiera saber quién es),
                     a la colina subieron,
                     y ya della se apodera.
                     Pero, Lisardo, ¿qué es esto?

Lisardo   Esta señora es Casandra,
                     que aquí prisionera tengo.

Casandra   Fuerza ha sido del destino;
                     que no resisto, ni quiero.

Duque   ¿Quién, Lisardo, sino tú,
                     me lograra este trofeo?

Gerundio   No ha sido sino mi amo,
                     Señor, que la trajo en peso.

Casandra   Mi desdicha es quien me trae.

Duque   Si supierais de mi pecho
                     cómo os recibe, no dierais
                     ese nombre a este suceso;
                     mas a que lo conozcáis
                     dará lugar otro tiempo.

Casandra
(Aparte.)   (No es tan horroroso el Duque
                     como yo pensaba, cielos.)

Voces (Dentro.) Socorro al Marqués, soldados.

Duque   Ve, Lisardo; mas ¡qué veo!
         Un soldado de los míos
         ha sacado a un caballero
         de la silla del caballo,
         a quien quitó rienda y freno,
         y con él luchando viene.
         Lisardo, aquel es el mesmo
         que los volvió a la colina;
         y los que le van siguiendo
         le van hiriendo a su salvo.
         Socorredle, caballeros;
         que él es a quien el principio
         de aquesta victoria debo.

Gerundio   Ay, Señor, que ese es mi amo.

Duque   ¿Quién es vuestro amo?

Gerundio   Un jumento;
         ¿qué ha de ser sino un borracho,
         hombre que se mete en esto?

Voces (Dentro.) Vitoria por nuestro duque.

Carlos, ensangrentado y luchando con Federico. Dichos.

Duque   A él se debe este suceso;
         mas ya llega, socorredle.

Carlos	Ya he conseguido mi intento.

Federico   Hombre o demonio, ¿quién eres?

Casandra   El Marqués es éste, ¡cielos!

Carlos   Ya a vuestras plantas, Señor,
veis los enemigos vuestros.
Por letras y armas he sido
quien la corona os ha puesto,
pues a costa de la sangre
que en vuestra presencia vierto,
rendí al marqués Federico,
y a Casandra... Mas mi aliento
falta para las palabras.

(Cae.)

Duque   ¡Oh cuánto su muerte siento!

Lisardo   Desmayo es, Señor, no muerte.

Gerundio   ¡Señor mío!

Lisardo   Aparta, necio.

Gerundio   ¿Carlos mío? -Déjenme
que le pregunte si ha muerto.

Duque   Lisardo, haced cuidar dél.

Lisardo   Retiradle;

(Aparte.)   (que si puedo,
                  porque mi amor no embarace,
                  yo haré dilatarle el premio.)

(Vase, y retiran a Carlos algunos soldados.)

Gerundio   Maldita sea la borracha
                  por quien buscaste este premio.

(Vase.)

El Duque, Casandra, Federico, Soldados.

Federico   Ya que es vuestra la victoria,
                  yo, Duque, de vos no espero
                  alivio; que si Casandra
                  es vuestra, ya yo estoy muerto.

Duque   El que yo he de daros es
                  no llevaros prisionero,
                  para daros el castigo
                  de mirar que me la llevo:
                  idos pues. -Venid, Señora.

Federico   Sin vida y sin alma quedo.

Casandra   Cuando me lleva el poder,
                  no es de vos el vencimiento.

Duque   Éste sabré yo hacer mío.

Casandra   ¿Cómo, si yo os aborrezco?

Duque   Obligando vuestro amor.

Casandra   ¿Con qué, si es odio el que tengo?

Duque   Con finezas.

Casandra   Serán vanas.

Duque   Hacer muchas.

Casandra   Valdrá menos.

Duque   Porfiar.

Casandra   No venceréis.

Duque   Contentaréme a lo menos,
               cuando no os pueda hacer mía,
               con la gloria de ser vuestro.

Casandra   Bien haréis; que yo de vos
               no pensé hallar lo que veo.
               No ha de ir así vuestra alteza.

Duque   Quiero ser yo el prisionero.

               Fin de la primera jornada

Jornada segunda

Antesala del alcázar.

Carlos, apoyándose en su espada, y Gerundio, ambos vestidos muy pobremente.

Gerundio	Ya poquitos a poquitos a palacio hemos llegado.
Carlos	No puedo andar, de cansado.
Gerundio	Ya vas haciendo pinitos.
Carlos	Con esta flaqueza quedo del rigor de las heridas.
Gerundio	No es sino de las comidas.
Carlos	De pesado andar no puedo.
Gerundio	No por el vestido es; que tú y yo, si en eso topa podemos ser Poca-ropa en un paso de entremés.
Carlos	¡Que del Duque esté olvidada, cuando puso mi persona en su frente la corona con la pluma y con la espada! ¡Que olvide acción tan valiente!

Gerundio   Pues ¿eso te desbautiza?
       Pusiérasle tú ceniza,
       y no corona en la frente.
       Mas ¿qué culpa tiene él,
       si a Lisardo te encargó?
       Lisardo es quien te olvidó,
       él fue el ingrato y cruel.
       Él nos dejó, y con testigos,
       a una posada encargados,
       donde fuimos visitados
       de parientes y de amigos,
       que nunca de allí salían;
       pues dos días aun no nos tuvo,
       cuando dos mil chinches hubo
       que nuestra sangre comían.
       Solo un día te asistió
       en esta piscina grave,
       pues un día te dio una ave,
       y al otro día voló.
       Un doctor te envió partida
       de sentencias tan graciosas,
       que te mandó echar ventosas
       para curarte la herida.
       Recetó con causa poca
       un día una ayuda, y yo
       dije: «No ha comido.» -«¿No?
       Pues dénsela por la boca.»
       Desta manera, Señor,
       tus heridas has pasado,
       que es milagro haber sanado
       de la peste del doctor.

Los trastos ya se vendieron,
alhaja no quedó en casa:
hasta un bonete con grasa,
que aun para arroz no me diera,
solo ha quedado un portero
de un convento que enamoro,
que viendo que de hambre lloro,
me llena siempre el puchero.

Carlos   Gerundio, ya a creer me obligo
que no es del Duque este error;
que a él le divierte su amor.
Lisardo es el mal amigo.

Gerundio   Él es quien te hace estos males,
Señor, que no es otro alguno;
ni el Duque ha visto solo uno
de todos tus memoriales.

Carlos   Pues tras todo ese rigor,
lo que me da más tormento
es, que trate el casamiento
con Laura, contra mi amor;
y ya Pompeyo con él
lo tiene capitulado.
Esto sin duda ha causado
ingratitud tan cruel.

Gerundio   Eso es, Señor, y a eso llama
lo que por el Duque tomas;
que él pretende que no comas,
para soplarte la dama.

Carlos   Por eso a palacio vengo,
            por si acaso puedo ver
            al Duque, y darle a entender
            la justa queja que tengo.
            Si a Laura llego a perder,
            también perderé la vida.

Gerundio   Pues dala ya por perdida,
            porque él lo ha de disponer
            de modo, que el premio sea
            como la cura, Señor.
            Tú estás tal, que das horror,
            y ninguno que te vea
            podrá creer que tú has sido
            quien fuiste; que su mal trato,
            siendo Lisardo el ingrato,
            te hace a ti el desconocido.

Carlos   Pues ¿puede faltarme a mí
            el Duque, si le hablo yo?

Gerundio   Si él fuera terciana, no;
            pero siendo duque, sí.

Carlos   Pues ¿qué he de hacer?

Gerundio   Aprender
            un buen tono entre los dos,
            con que pidamos por Dios
            a otro para comer.
            Pero tate, que Lisardo

sale aquí.

Carlos   Al paso le espera;
que ha de oírme, aunque no quiera,
tan justa queja.

Gerundio   Ya aguardo.

(Hace que se va.)

Lisardo. Dichos.

Lisardo   Ya de mí mismo envidioso
estoy, habiendo tenido
de Laura el sí pretendido,
por su padre; y cuidadoso
aquí le vengo a buscar,
pues mi suerte se mejora,
porque con el Duque ahora
se acabe de asegurar.
Mas ¿no es Carlos el que miro?
Él es sin duda, y su intento
estorba mi casamiento.
Por no hablarle me retiro.

(Hace que se va.)

Carlos   ¿Señor Lisardo?

Gerundio   ¿Oye usted?

Lisardo   ¿Quién es?

Gerundio   ¿Nos da con la sorda?
                      ¿Hace usted la vista gorda?
                      Pues bien delgado le ve.

Carlos   Aunque ya de vuestro trato
                      sé vuestra respuesta, pues
                      se obligó a ser descortés
                      quien se arrojó a ser ingrato;
                      la queja os da mi atención,
                      no porque vos la ignoréis,
                      sino porque no neguéis
                      vuestra culpa y mi razón.

Lisardo   Pienso que de mí hacéis pruebas.

Gerundio   Pues ¿no lo infiere de sí?

Lisardo   ¿Vos tenéis queja de mí?

Gerundio   Pues ¿hale dado usted brevas?

Lisardo   Decidla; que la he dudado.

Gerundio   ¡Pesia el alma de su olvido!
                      Pues ¿no quedó mi amo herido,
                      y a usted no quedó encargado?
                      ¿No nos dejó con ultraje
                      en una triste posada,
                      donde no se nos dio nada
                      de usted ni de su linaje;
                      donde el hambre fue receta,

pues de salud incapaz,
como embajador de paz,
le curó con la dieta;
donde...? Aquel ayuno aclamo:
¡siete semana y sesma!
¿Pensó usted que era cuaresma
la enfermedad de mi amo?

Carlos   Aunque esa desatención
para queja era bastante,
es la que tengo de amante
la que me da más razón.
Vos al hablarme, ¿de mí
no os disteis por obligado?

Lisardo   Siempre así lo he confesado.

Carlos   ¿No os dije mi empeño?

Lisardo   Sí.

Carlos   ¿No es segura obligación
fiar su pecho a un amigo?

Lisardo   La misma deuda es testigo.

Carlos   Pues si de mi pretensión
os hice dueño, Lisardo,
cuando obligado os tenía
(y obliga más el que fía
su intento a un pecho gallardo),
de dos deudas en que funda,

mi amor queja tan severa,
el que olvidó la primera
no se acordó en la segunda.
Ya que el haberos servido
como amigo en la ocasión
no sirvió de obligación,
hablarme recién venido,
y fiaros yo mi amor,
¿no bastó para estorbar
que vos me intentéis quitar,
ingrato y ciego, el favor
de Laura? Mas ya he sentido
habéroslo pronunciado;
que vos lo habéis intentado;
y yo estoy dello corrido,
que aunque no pudiera hacello,
pasa un corazón sencillo
la vergüenza al referillo
que te diera al cometello;
que aunque en la voz lo repito,
para empañar la pureza
del cristal de la nobleza,
basta el aire del delito.

Lisardo Templando mi indignación
os he podido sufrir,
porque os ciega el presumir
que podéis tener razón.
Al llegarme a proponer
vuestro amor, que no he olvidado,
os previne yo un cuidado,
y no os pude responder.

Y en esta materia aquí
solo a deciros me obligo
que nadie debe al amigo
lo que quiere para sí.

(Vase.)

Carlos, Gerundio.

Gerundio   ¡Qué esto oyes!

Carlos   ¡Oh mal amigo!

Gerundio   Es un bergante.

Carlos   Detente.

Gerundio   Voto a Dios omnipotente,
               que he de rompelle el ombligo.

Carlos   ¿Qué dices?

Gerundio   De juicio salgo;
               que estoy pobre, ya se ve,
               y por no tener con qué,
               no le voy a dar con algo.

Carlos   Daré quejas a los cielos,
               si razón no ha de valerme.

Gerundio   ¿Por qué?

Carlos   Por satisfacerme
con ellas.

Gerundio   Pues ¿son buñuelos?

Carlos   Llegará el Duque a sabello;
                que hasta hablarle he de esperarle.

Gerundio   ¿Qué importa el querer hablarle,
                si él priva y te priva dello?

Carlos   Si yo pudiera mandalle,
                y aliento en mi brazo viera,
                yo satisfacción me diera.

Gerundio   ¿Qué hicieras?

Carlos   Desafialle,
                porque muriera a mis brazos.

Gerundio   ¿Cuándo estarás para eso?

Carlos   Tarde, que es mucho este peso.

Gerundio   Desafíale en dos plazos,
                que no es de valor ajeno:
                para San Juan la mitad,
                y otra para Navidad,
                por si no estuvieres bueno.

Carlos   Necios impulsos te dan.

Gerundio   Hazlo por Cristo, Señor,
y démosle a este traidor
mala Pascua y mal San Juan.

Carlos   Entrémonos más adentro,
que al Duque tengo de hablar;
mas ya es forzoso esperar,
pues nos salen al encuentro
Casandra y todas las damas.

Gerundio   Y Laura viene con ella.
Señor, escóndete della,
que en dejarte ver te infamas.

Carlos   ¿Por qué?

Gerundio   Porque es desatino;
que estás desnudo, Señor,
y aunque está en cueros amor,
eso mejor le está al vino.

Carlos   Antes darla a entender quiero
cómo así por ella estoy.

Casandra, Laura, Celia, Damas. Dichos.

Laura   Mas alegre ha de estar hoy
vuestra alteza, a lo que infiero,
de la prevención que hace
el Duque por divertirla.

Casandra   Por música voy a oírla;

que es lo que me satisface
entre los divertimientos
que otras veces me previene.

Carlos (Aparte.)   (Cielos, si Casandra
          tiene
          imperio en los pensamientos
          del Duque, y ella es testigo
          de mi valeroso aliento,
          para que ayude a mi intento
          a hablarla agora me obligo.)

Laura (Aparte.)(¡Válgame el cielo! ¿qué veo?
          ¡Carlos en tan pobre traje!
          Lástima da el ver su ultraje;
          ya le perdió mi deseo,
          pues mi padre concertado
          tiene ya mi casamiento.
          Bien sabe amor que lo siento,
          y más verle tan ajado.)

Celia   (Aparte a Laura.)
                (Señora, ¿a Carlos no ves,
                y a Gerundio, que le guía,
                de pobres de portería?)

Laura   Afrenta el mirarlo es;
                no vuelvas allá.

Celia   No quiero;
                mas ¡cuál Gerundio se ofrece!
                Con tanto trapo, parece

asadura de ropero.
¡Qué lindo par de gazapos!

Laura   Ya es su desdicha notoria.

Celia   Tendrá libro de memoria
para vestirse los trapos.

Carlos   (Aparte a Gerundio.)
(No sé cómo lo resista;
Laura hace que no me ha visto.)

Gerundio   Señor, todos, vive Cristo,
han engordado de vista.

Casandra   Ven, Laura, a la galería,
por si el Duque nos espera
con la música; que fuera
no escucharla grosería.

Laura   Bien, Señora, lo merece
su fineza.

Casandra   Mi entereza
no lo estima por fineza,
aunque ya me lo parece;
que su presencia ha vencido,
y su discreción, en mí,
mucho más que presumí.

Carlos   Señora, si un afligido
merece vuestra atención,

que me la deis os suplico.

Casandra   ¿Qué es lo que pides?

Carlos   Publico
              más que pobreza razón,
              pues mis alientos ajados...

Casandra   Laura, no esperando estén;
              haced que limosna den
              a esos dos pobres soldados.

(Vase con las damas.)

Laura   No quiero que en mí repare.

(Vase.)

Celia, Carlos, Gerundio.

Carlos   ¡Que esto escucho, y lo resisto!

Gerundio   ¿Qué es limosna? Voto a Cristo,
              que miente quien lo pensare.

Celia   ¿Qué es esto? ¿Ya despachados
              no quedan los moscardones?
              Siempre son los pobretones
              soberbios y porfiados.

Gerundio   Tú lo eres, como fregona;
              que aunque estás ya con afeite,

te he visto yo ir por aceite
con capilla de gorrona.
Tú pedirás, como tal,
tú, limosna sin horror,
como paga de doctor
al irse, y en el portal.
Tú pedirás, y pediste
a mí en más de una ocasión
almuerzos de bodegón,
que a figón no te atreviste.
Tú, cuyas medias con greda
sacó de lana el amor
de un paje de embajador,
con unas viejas de seda.
Que antes dará nuestro aliento
limosna y dote, si quieres,
para recoger mujeres
perdidas en un convento.

Celia   Gerundio, más reportado;
y pues dar puede esos dones,
dése para unos calzones,
que está muy desatacado.

(Vase.)

Carlos, Gerundio.

Gerundio ¿Cómo?

Carlos   Deja esos cuidados;
que no tiene culpa ella.

Gerundio   Pues ¿quién?

Carlos   Mi estrella.

Gerundio   ¿Qué estrella,
ni qué huevos estrellados?

Carlos   ¡Que esto mi desdicha aguarda!
Que Laura no me atendiera,
ni aun a mirarme volviera!

Gerundio   Se habrá ya vuelto Lisarda.

Carlos   Por él sin duda a trocarse
llegó, como aquí publica.

Gerundio   Claro está: que como es rica,
tendrá amores que mudarse.

Carlos   Sin alma quedé de vella.

Gerundio   ¿Quieres vengarte? Pues calla.

Carlos   ¿Qué he de hacer?

Gerundio   Desafialla,
y mueran Lisardo y ella.

Carlos   Ya por mi vida atropello;
¿qué haré con el Duque?

Gerundio   Ten:
                    desafialle también,
                    y concluyamos con ello.
                    Mas la ocasión se ofreció,
                    porque el Duque sale ya;
                    siguiendo a Casandra va:
                    tiéndela, que aquí estoy yo.

Pompeyo, el Duque. Dichos.

Duque   Pompeyo, nada me habléis
                    que de Casandra no sea;
                    lo que mi atención desea
                    con nada me embaracéis.
                    Casandra es solo mi amor,
                    Casandra es todo mi empleo;
                    solo hablar della deseo,
                    y el que intenta mi favor,
                    solo llegue a hablarme della;
                    solo me dé para amalla
                    arbitrios con que obligalla,
                    fiestas con que entretenella.
                    Nada sin ella me agrada.

Pompeyo   Señor, tu alteza no sienta
                    que le llegue yo a dar cuenta
                    de cómo tengo casada
                    con Lisardo a Laura.

Duque   En eso
                    me hacéis el gusto que aguardo,
                    porque le debo a Lisardo

la obligación que confieso;
pues a Casandra prendió,
con que alcancé la victoria.

Gerundio   (Aparte a Carlos.)
             (¿Qué es esto? ¿A él le dan la gloria
             de lo que hicimos tú y yo?)

Carlos   Este es el modo afrentoso
             del mundo desconcertado:
             vence el riesgo el desdichado,
             y premian al venturoso.

Gerundio   ¿Qué es premiar nuestro desvelo?
             Pues ¿es esto flautas pitos?
             Llega, Señor, da los gritos
             que los pongas en el cielo.

Duque   Por él ya feliz me llamo.

Gerundio   (Al Duque.)
             Señor, lo que dices mira;
             voto a Cristo, que es mentira;
             que el que la prendió es mi amo.

Duque   ¿Qué es eso?

Carlos   Si a vuestros pies
             lugar tiene un desdichado,
             solo con ser escuchado
             será feliz.

Pompeyo
(Aparte.)   (Carlos es;
                 ¡que a tal su suerte llegó!
                 Ya es a la vista importuna;
                 mas de su poca fortuna
                 no tengo la culpa yo.)

Duque   ¿Quién sois? Alzad.

Carlos   Soy, Señor,
                 quien tomando otro camino,
                 para enmendar su destino
                 ha llegado a otro peor;
                 quien más dicha ha merecido,
                 quien por valor lo ha alcanzado,
                 quien de vos vive olvidado,
                 y quien más os ha servido;
                 quien, porque su nombre os cuadre..

Gerundio   Es Carlos. -Toma el ovillo,
                 y acaba ya de parillo;
                 que no es el Duque comadre.

Lisardo. Dichos.

Lisardo   (Aparte desde la puerta.)
                 (¡Cielos! ¿que Carlos llegase
                 al Duque? Estorbarle quiero
                 que le oiga el Duque primero
                 que yo con Laura me case.)

Duque   Pues ¿qué os debí yo?

Lisardo (Sale.)   Señor...

Duque   ¿Qué hay, Lisardo?

Lisardo   Que ya espera
               Casandra, haciendo la esfera
               de su Sol un corredor;
               y la música aguardando
               solo tu precepto está.

Duque   Vamos, Lisardo; que ya
               a tal dicha estoy tardando;
               solo vivo en su presencia.

Carlos   Señor, sabed, antes de iros...

Duque   Audiencias hay para oíros.

(Vase.)

Lisardo   Buscad al Duque en la audiencia.

(Vase.)

Pompeyo, Carlos, Gerundio.

Gerundio   ¡Que se sufra esta insolencia!

Carlos   ¿Qué admiras, si es mi contrario?

Gerundio   Pues ¿es el Duque vicario
               para buscarlo en la audiencia?

Carlos   Señor Pompeyo, de vos
                mi razón se ha de valer,
                pues mi fortuna ha de ser,
                siendo mía, de los dos.

Pompeyo   Carlos, que os premien será
                para mí mucho contento
                por vuestro merecimiento;
                pero viene tarde ya.
                Por la palabra empeñada,
                cuanto pude os esperé;
                mas ya no puedo.

Carlos   ¿Por qué?

Pompeyo   Tengo ya a Laura casada.

(Vase.)

Carlos, Gerundio.

Carlos   ¡Caiga el cielo sobre mí!

Gerundio   No caiga, ni aun una estrella.

Carlos   ¡Ay de mí, que a Laura bella
                ya sin remedio perdí!
                Ya ¿para qué he de querer
                premios, si morir espero?

Gerundio   ¿Qué dices?

Carlos   ¿Para qué quiero

premios ya?

Gerundio   Para comer.

Carlos   ¿Para qué? Sin Laura bella
no quiero triunfo ni palma.

Gerundio   Pues valga el diablo su alma;
¿nos hemos de ahorcar por ella?

Carlos   Cielos, sin Laura ¿qué haré?
¿Qué será, cielos, de mí,
que ya su mano perdí?

Gerundio   Pues, Señor, no pierdas pie.

Carlos   Por eso sin duda alguna
a mirarme no volvió;
por eso me despreció,
no por mi humilde fortuna.
¿Ingratitud como esta
ha de quedar sin castigo?

Gerundio   Eso sí, lo que yo digo:
matémosla, y vamos desta.

Carlos   Gerundio, en palacio hoy
el festín licencia da
a que cualquiera entre allá.
Pues desesperado estoy,
entrar quiero; y pues perdella
con callar no se restaura,
sepa el mundo y sepa Laura

lo que hice por merecella.
Quéjese a ella mi desvelo;
mas si tan esquiva está
como hermosa, esto será
como dar quejas al cielo.

Gerundio   No hay quejas como patadas.

Carlos   Vamos pues.

Gerundio   Vamos, Señor.

Carlos   Ya no temo su rigor.

Gerundio   ¿Sabes cascar bofetadas?

Carlos   Lo que he de decir no sé;
mas el cielo oirá mis voces.

Gerundio   Ve; que si errares las coces,
yo llegaré a darte el pie.

(Vanse.)

Galería del alcázar.

El Duque, Lisardo, Músicos.

Música   Compitiendo con las selvas,
cuando las flores madrugan,
los pájaros en el viento
forman abriles de plumas.

Duque   Cantad, pues las letras todas
solo a Casandra pronuncian,
y celebran en mi pecho
los triunfos de su hermosura.
Lisardo, en su hermoso rostro
¿no ves cuántas flores hurta
el mayo para su adorno?
¿No admiras en su blancura
los jazmines y azahares,
que ámbar el viento divulga?
Los claveles de sus labios
¿a los que el alba dibuja
no exceden? ¿En sus mejillas
las rosas no son más puras?
Mas ¿para qué lo encarezco,
cuando por vencer la duda
de si las flores la igualan,
coronada de las suyas,
siguiendo estos dulces ecos,
sale en victoriosa lucha,
compitiendo con las selvas
cuando las flores madrugan?

Casandra, Laura, Celia, Damas. Dichos.

Casandra Laura, imán es este acento
de mi atención.

Laura   Él presuma
que vos sois su imán, Señora;
pues aunque un abril se juzga,
donde en las espesas ramas
los pajarillos se juntan

a hacer su sonora salva;
y aunque la destreza suya
la de las aves parezca
que al alba alegres saludan,
siendo vos Sol desta esfera,
vos sois el imán sin duda
de su voz: pues cuando él sale,
las aves porque le buscan,
le cantan; y al salir vos,
razón es que se presuma
este acento el de las aves,
porque entienda quien le escucha
que cuando de vuestra alteza
sale el Sol que los alumbra,
los pájaros en el viento
forman abriles de pluma.

Duque   Cantad, proseguid; que ya
                más cerca Casandra escucha.

Música   Que Casandra es la más bella,
                aun los cielos no lo dudan;
                si para verdad es grande,
                para lisonja no es mucha.

Duque   Si el cielo pudo, Señora,
                tener competencia alguna
                con la hermosura, fue acaso
                por no ver vuestra hermosura.
                Vio sus lucientes estrellas,
                el Sol miró la luz suya;
                al espejo de las otras
                vieron su esplendor las unas,

y al ver tantas luces, tuvo
su victoria por segura.
Pero cuando a vuestros ojos
vencer vio sus llamas rubias,
cuando sus claras estrellas
con ellos fueron oscuras,
luego os cedió la victoria.
Y si al ver solo la suya
presumió más perfección,
vista ya vuestra hermosura,
que Casandra es la más bella,
aun los cielos no lo dudan.

Casandra   Cuando tanto rendimiento
             agradecida os escucha
             mi atención, hallo, Señor,
             que el vencimiento resulta
             en vos, y en mí la victoria.

Duque   Creed, Señora, que es sin duda.
             Pero si vencéis al cielo,
             brillando luces más puras,
             el vencerme a mí es victoria
             que se infiere de la suya.
             Y mi amor siente que sea
             tanta verdad, porque busca
             razones para obligaros
             en que él de sí ponga alguna;
             porque deciros que vence
             mi pecho vuestra hermosura,
             y que el cielo con la vuestra
             tiene su luz por caduca;
             siendo yo esclavo y vos dueño,

siendo vos Sol, y el Sol Luna,
si para verdad es grande,
para lisonja no es mucha.

Casandra   Vuestro cortés rendimiento
todos mis afectos muda;
pues al intento de ser
a vuestra voz piedra dura,
me tenéis ya tan trocada,
que no solo no os escucha
como piedra, sino como
quien oye....
(Aparte.)   (Licencia es mucha
la que ya se toma el labio
para lo que el alma oculta.)

Duque   Decid, proseguid, Señora.

Casandra   Lo dicho ¿no os asegura?

Duque   Quien ama siempre es cobarde.

Casandra   El que conoce no duda.

Duque   Conózcome a mí primero.

Casandra   Pues de aquesto ¿qué resulta?

Duque   No merecer ser oído.

Casandra   Cuando el dulce acento triunfa
de mi atención, por ser vuestro,
no os malogréis vos la industria.

Duque   Pues la música prosiga.

Casandra   A escucharla voy.

Duque   Confusa
               dejáis el alma.

Casandra   ¿Por qué?

Duque   Por no declarar la duda.

Casandra   ¿No voy a escuchar de vos
               lo que la letra pronuncia?

Duque   Y ¿así me oís?

Casandra   Sabed, Duque,
               que aunque el amor no lo juzga,
               no es sorda la que no oye,
               sino aquella que no escucha.

(Vase con las damas.)

Laura   Celia, a Casandra no sigas;
               que estoy muriendo a la angustia
               de ver que he perdido a Carlos.

Duque   Cantad, seguid su hermosura.
               Lisardo, ve a prevenir
               que estén las músicas juntas,
               cercando la galería,
               porque divertida en unas

y arrebatada de otras,
todo en mi amor se confunda.

(Vase.)

Música   De cuantos con dicha nacen,
porque no la esperan nunca,
con el acierto de amarla
nadie muere sin ventura.

(Vanse Lisardo y los músicos.)

Carlos, Gerundio. Laura, Celia.

Gerundio   (Aparte a Carlos.)
(Señor, Laura está aquí sola.
Ea, con ella apechuga,
y dala hacia las quijadas,
pues según las vestiduras,
parecemos saca-muelas.)

Laura   ¿No es Carlos, Celia?

Celia   Sin duda.
¿Es posible que te cueste
tal pesar esta figura?

Gerundio   Si estaba puesta a flux de oros,
y es de bastos, ¿qué lo dudas?

Laura   Carlos, ¿dónde vas? ¿Qué intentas?

Carlos   Saber cuál es mi fortuna;

        pues aunque aquí entrando acaso,
        esa música que escuchas
        de amor, prevenida en mí,
        por desengaño resulta.
        Pues cuando ajado de todos,
        despechado de mi injuria,
        vengo a ver si en ti ha quedado
        consuelo a mis desventuras,
        oigo que el sonoro acento
        para avisarme pronuncia
        que soy el más infelice
        por mi estrella y por las tuyas,
        de cuantos sin dicha nacen,
        porque no la esperan nunca.

Laura   Si amar un desden es yerro
        sin razón y sin fortuna,
        amar a quien ama, Carlos,
        es acierto y es ventura.
        Quien tiene la voluntad
        tiene el alma; esa fue tuya
        desde que te vi; y pues logras
        esta fe, aunque no aseguras
        otra posesión con ella,
        porque fue tu suerte injusta,
        aunque por ella me pierdas,
        consuélete la fortuna
        de que fue acierto el amarme.
        Y cuando infeliz te juzgas
        porque el acento te avisa,
        oye; que también pronuncia
        que aunque no tenga esperanza,
        sí la mereció por suya,

con el acierto de amarla
nadie muere sin ventura.

(Hace que se va.)

Carlos   Oye, Laura.

Gerundio   (Aparte a Carlos.)
                        (Señor, cierra.
                ¿Quieres que yo la sacuda?)

Carlos   No, detente.
                        Sino a azotes,
                no esperes que se reduzca.

Carlos   Sí harán mis lágrimas tiernas.

Gerundio   Más harán puñadas duras.

Laura   Déjame, Carlos; ¿qué quieres?
                ¿No basta la desventura
                de perderte aunque te quiera?

Carlos   ¿Cómo eso dices? Escucha.

Música
(Dentro.)   No pagar obligaciones
                delito en amor se juzga;
                que lo ingrato en la belleza
                aun ha menester disculpa.

Carlos   Laura, Señora, pues oyes
                que aún esta voz te lo acusa,

y hablan por mí los acasos,
¿cómo ese rigor pronuncias?
¿Yo perderte? ¿Tú ser de otro
cuando, porque fuese tuya,
coroné el alma de letras
que tus triunfos articulan;
cuando porque se leyesen
de mi amor en la escultura,
la fui a esmaltar con mi sangre,
que aún falta en mis venas mucha;
cuando para merecerte,
lo que faltó a mi ventura
lo consiguió mi valor
y no lo halló mi fortuna?
Cuando así por ti me veo,
¿tú con el rigor te juntas?
Si es desdicha el no alcanzarte,
en ti el alejarte es culpa.
Si estas finezas te obligan,
mira que en deudas tan tuyas
no pagar obligaciones
delito en amor se juzga.

Laura   Carlos, ¿qué quieres? Ya veo
que contra ti se conjura
tu estrella y también la mía,
pues conocer lo que triunfa
tu mérito de mi amor,
y no pagarlo, es injusta
ingratitud, y aun tirana;
pero mi honor lo repugna.
Por él, por ti hablar no puedo;
él me tiene absorta y muda,

viva para los deseos,
para las voces difunta.
Bien veo que el no pagarlo,
cuando lo conozco, es culpa;
pero culpa de mi honor,
a quien debo esta coyunda.
No quiero satisfacerte,
cuando por mi amor te apuras,
con que, si ella te obligó,
fue deuda de mi hermosura;
porque sé cuando no pago,
aunque mayor la presuma;
que lo ingrato en la belleza
aun ha menester disculpa.

Carlos   Pues viendo tu obligación,
y amándome, Laura bella,
si el dejarme es sinrazón,
no hay resistencia a mi estrella
en tu noble corazón.
Para excusar un rigor
no hay dilaciones ni trazas,
¿cómo ha de creer mi amor
que en el riesgo que tú abrazas
puedes pensar que hay dolor?
El que de ponzoña lleno
toma un vaso sin horror,
o está del peligro ajeno
o halla alivio en el veneno,
si le bebe sin temor.
Y sabiendo esta verdad,
rendirse tu pensamiento
a otro dueño, o es crueldad,

o te falta voluntad,
o no tienes sentimiento.
Y si le tienes, me obligo
a no quejarme de ti;
que aunque eres cruel conmigo,
¿qué se ha de doler de mí
quien es ingrata consigo?

Laura   Carlos, bien sé que es crueldad;
pero solo te apercibe
por respuesta mi piedad...

Música
(Dentro.)   Desdichado del que vive
por ajena voluntad.

Laura   Por mí respondió este acento;
pues me ves desesperada,
déjame en mi sentimiento.

Carlos   ¿Qué dices a mi tormento?

Laura   Carlos, que ya estoy casada.
Ven, Celia.

Celia   En vano te apuras.
Tú con figura tan rota
¿estás gastando ternuras?

Gerundio   Pues, pícara, siendo sola,
¿te espantas de las figuras?

Carlos   ¿Que, en fin, muriendo me dejas?

Laura   ¿No es mi dolor más profundo?

Carlos   Pues ya que de mí te alejas,
                sepa tu rigor el mundo
                y escuche el cielo mis quejas;
                sepa que quiebra el rigor
                la fe que nos prometimos,
                sepan todos mi dolor.

Gerundio   Sepan que de hambre morimos
                y nos quejamos de amor.

Carlos   Sepan lo que mereció
                mi valor, pues lo publica
                la llama que me abrasó.

Gerundio   Y que lo que a mí me pica
                come, no comiendo yo.

Carlos   Sepa ¡ay de mí! quien lo ignora...

Laura   Carlos, ¿qué decís?

Gerundio   Que es ruin
                tu término.

Laura   Calla ahora.

Gerundio   Déjanos gruñir, Señora;
                que este es nuestro San Martín.

Laura   Carlos, por Dios, vete presto.

No alborotes.

Carlos   Ya esto es furia.

Laura   Pues ¿qué intentas?

Carlos   Ser molesto
por dar a entender mi injuria.

Casandra. Dichos.

Casandra   ¿Qué es esto, Laura? ¿Qué es esto?

Carlos   Es, Señora, esta inquietud
una injuria y un desdén,
no premiarse la virtud;
y es no solo ingratitud,
sino desprecio también.

Casandra   ¿Es esto, Laura, contigo?

Laura   ¡Ay de mí! No sé, Señora.

Carlos   Vos, Señora, sois testigo
de que yo merezco ahora
el premio que no consigo.
Por Laura a la guerra fui,
por Laura arriesgué la vida,
por Laura a vos os prendí.

Gerundio   Y el estar hermosa aquí
se debe a lo bien prendida.

Casandra   ¿Qué es esto, Laura?

Laura   Señora...
(Aparte.)   (Cielos, no sé qué decir.)

Celia   Ella como vos lo ignora;
               que estos locos aquí ahora
               se entran a hacernos reír.

Gerundio   Mienten; que a hacerlas llorar
               entramos, si mi amo hiciera
               lo que yo dije al entrar.

Carlos   Loco estoy de mi pesar:
               Laura es la causa primera.

Casandra   Pues ¿cómo así habláis osados
               en mi presencia? -¡Criados!
               ¡Hola!

Pompeyo, Lisardo, Criados. Dichos.

Pompeyo   ¿Qué mandáis, Señora?

Carlos   Si vuestra alteza lo ignora,
               ellos, que están informados,
               dirán de mi sentimiento
               la causa a que me provoco.

Casandra   Mirad de ese hombre el intento;
               castigad su atrevimiento,
               o echadle de ahí, si es loco.

(Vase.)

Laura (Aparte.) (Cielos, yo estoy sin sentido.)

Pompeyo   ¿Qué es esto, Laura?

Laura   Señor,
               yo no sé lo que esto ha sido.
               Carlos, o el juicio has perdido,
               o tú das causa a su error.

Carlos   ¡Que esto llegue yo a escuchar!

Gerundio   Por el celestial farol,
               que mil muertes he de dar.

Celia   Si tanto quieren matar,
               váyanse los dos al Sol.

(Vase.)

Gerundio   Y tú, menguada, a la Luna.

Pompeyo   Carlos, ¿qué osadía fue
               la vuestra?

Carlos   Señor, ninguna.
               Quejarme de mi fortuna.

Pompeyo   Pues a mi hija, ¿por qué?
               Por veros sin resistencia,
               vuestra libertad osada
               no castiga mi prudencia,

pues os tomáis tal licencia
teniendo a Laura casada.

(Vase.)

Lisardo   Pues, Carlos, aunque a mi acero
tocaba vuestro castigo,
aquí suspenderle quiero
por advertiros primero
que está casada conmigo.

Gerundio   ¡Que se sufra esta traición!

Carlos   ¡Falso amigo!

Lisardo   (A los criados.)
                              Echad de ahí
esos locos.

(Vase.)

Gerundio   Galalon.

Un criado   Oyen, si pasan de ahí,
volverán por un balcón.

(Vanse los criados.)

Carlos, Gerundio.

Gerundio   A ti y tu alma, y cuantos van
con tu amo a pie y en coche,
como servidor truán,

por un balcón te echarán
a las once de la noche.

Carlos   ¿Qué es esto que por mí pasa?
              ¿Hay, cielos, a quien suceda
              con tal razón tal desprecio,
              con tal valor tal afrenta?
              ¿Yo abatido? ¿Yo ultrajado?
              ¿Yo en tan infeliz miseria,
              que a quien mi valor da envidia
              da lástima mi pobreza?

Gerundio   ¿Yo en ayunas y rabiando
              por romper treinta cabezas,
              sin tener ni hallar con qué
              cortar la cólera pueda?

Carlos   ¡Que sea todo el mundo injusto!
              ¡Que contra mí todos sean!

Gerundio   ¡Que sea todo el mundo limpio!
              ¡Que no haya quien manchas tenga
              agora, que puedo yo
              vender saliva por greda!

Carlos   ¡Gerundio!

Gerundio   Yo rabio de hambre.

Carlos   ¿Deso en tal dolor te acuerdas?

Gerundio   ¿Tan lejos están las tripas
              para olvidarme yo dellas;

que pienso que juegan cañas,
según me caracolean?
Esto no es hambre, Señor,
sino rayos que me queman.

Carlos   Deja los rayos ahora.

Gerundio   Pues ¿qué he de hacer, si ellas truenan?

Carlos   ¿Hay amor más desdichado?

Gerundio   ¿De amor agora te quejas?
Ven a buscar qué comer;
que es ya más de la una y media,
y si el portero nos falta,
no hay casa aquí de Portela.

Carlos   Yo me muero.
                    Ahora, Señor,
tú lo tomas muy de veras,
y el hambre no es para burlas;
que el estómago me aprieta
tanto, que por verle raso
imagino que le prensan.
Esto es peor cada día;
como tú esperes moneda,
tu esperanza está en la China,
que hay de aquí allá tres mil leguas.
Si seguirla es perecer,
más vale que uno perezca
y que yo busque mi vida;
porque el ver que yo me muera
¿qué alivio ha de darte a ti?

Ni a mí, Señor, me consuela,
cuando que comer no tengo,
que tú tampoco lo tengas.
Y en medio de que tu amor
es lo que más te atormenta,
cuando traigo lo que busco,
al ponértelo en la mesa,
comes más que un sabañón;
y entre suspiro y fineza,
al panecillo que agarras
parece que atenaceas.
Yo me voy a acomodar
donde hallare. Adiós te queda;
que si hallo con qué acudirte,
tú admirarás mi fineza.

Carlos   ¿Qué dices, Gerundio amigo?
Pues ¿tú te vas? ¿Tú me dejas
cuando me ves abatido,
cuando no tengo a quien vuelva
la cara sino a tu alivio;
cuando, si por ti no fuera,
muerto hubiera en la desdicha
de mi abatida miseria?

Gerundio   ¿Qué quieres, Señor? Por eso
me voy; que mi industria intenta
socorrerte y socorrerme.

Carlos   ¡Ay amigo! Si me dejas
he de morir. No te vayas;
que tú mis males consuelas.

Gerundio   ¡Yo consolarte, Señor,
             que estoy siempre a tus orejas
             dando unos aullidos de hambre
             que parezco un alma en pena!
             Déjame ir, por Dios.

Carlos   Aguarda.
             Tienes razón, mi pobreza
             no tiene qué responderte;
             pero conmigo te queda
             de aquí a mañana no más;
             que si este plazo no enmienda
             mi fortuna, te irás luego.

Gerundio   ¿De aquí a mañana? Aunque sea
             reventando, he de esperar.

Carlos   Si mi despecho lo intenta,
             podré entrar a hablar al Duque.

Gerundio   Eso, Señor, es quimera;
             que nos molerán a palos
             los inflones que le cercan.

Carlos   (Aparte y paseándose.)
             (¡Que me deba el Duque, cielos,
             la corona que gobierna,
             Lisardo tanta amistad
             como la vida y la hacienda,
             todo Urbino su sosiego,
             y Laura tantas finezas;
             y en ninguno hallo favor,
             todos perecer me dejan!

¡Esta ingratitud consienten
los cielos, que la condenan!
¡Un hombre de mi valor,
de mi sangre y de mis letras
en pobreza tan indigna,
cuando tantos que aquí entran
arrastran triunfos y aplausos,
unos porque lisonjean,
otros por entremetidos,
otros porque se despejan,
siendo asunto de la risa;
y ingenio, valor y ciencia
estén en tanto desprecio!
¡Ah cielos, si me sufriera
ajar mi reputación
el mundo! Dénme licencia
el decoro y la razón
para que yo no parezca
quien soy un término breve;
que yo tomaré tan nueva
venganza destas injurias,
que se admire el mundo della.
Yo haré que todos conozcan
su ingratitud y mi ofensa,
y que lo vean de suerte
que sea el castigo su afrenta.
No ha de haber oído el mundo
tal venganza de mi queja,
tal castigo de su culpa;
solo temo la vergüenza
de ultrajar yo mi persona;
pero ¿qué ultraje me queda
que temer con el que paso?

Pues todo el mundo me atienda:
a ajarme voy por vengarme,
para que los hombres sepan
quién es el mundo y cuál son
los que la fortuna premia.
Esto ha de ser; lo primero
engañar ha de ser fuerza
a este criado.)

Gerundio   Señor,
no tanto en ti te diviertas;
que estás flaco y en ayunas.

Carlos
(Aparte.)   (Yo haré que su dolor sea
no poder negar su infamia.)

Gerundio   Señor...

Carlos
(Aparte.)   (No ha de haber quien pueda
negar su error con mi industria.)

Gerundio   Que estás flaco de cabeza
y te acabas; mira que
pienso que calabaceas.

Carlos   Déjame ya revocar
el poder de las estrellas.

Gerundio   ¿Qué has de revocar, Señor?
Revócale la sentencia
al hambre, y hazlo embocando.

Carlos   Verá el mundo lo que yerra.

Gerundio   ¿Quién yerra?

Carlos   Siempre está errando,
día y noche.

Gerundio   Es el albéitar;
que a puro martillar clavos
nos deshace la cabeza.

Carlos   Cielos, dél he de vengarme.

Gerundio   ¿Qué dices? ¿que es una bestia?
¿Qué te hace aquel pobre tuerto?

Carlos   Aunque el decoro se ofenda.

Gerundio   Vive Cristo, que está loco;
esto causa la flaqueza.
¡Ah, Señor!

Carlos
(Aparte.)   (Ya lo presume;
ahora falta que lo crea.)
Déjame, no te me acerques.

Gerundio   Señor, el juicio no pierdas;
que yo iré a buscar qué comas.
¿Hay lástima como aquesta?
De hambre ha perdido el sentido.
¡Ah Señor!

Carlos   ¿A mí te llegas?

Gerundio   Alto: él ha perdido el juicio.
               Que comer traeré, no temas.

Carlos   ¿Dónde está? ¿Qué es lo que dices?

Gerundio   ¿No lo ves? Ven a la mesa;
               mira aqueste pipián,
               que el pimiento bermejea
               como carrillos de lego.

Carlos   No lo quiero ya.

Gerundio   ¡Esta es buena!
               Pues, Señor, mira esta pava
               con pechuga de gallega.

Carlos   Quítate allá, no me toques:
               ¡que me quiebras, que me quiebras!

Gerundio   ¿Qué dices?

Carlos   Pues ¿no lo ves?
               De vidrio soy.

Gerundio   ¡Santa Tecla,
               que está loco!

Carlos   Vidrio soy.

Gerundio   ¡Jesús, qué gracioso tema!

Carlos
(Aparte.)	(Ya el criado lo ha creído;
	aquí mi venganza empieza.)

Gerundio	Señor, ¿que eres vidrio es cierto?

Carlos	¿Posible es que no lo veas?

Gerundio	Pues ¿hay duda? Ya lo miro.

Carlos	Pues ¿a qué vienes? ¿Te acercas
	a quebrarme?

Gerundio	 No, Señor;
	que eres vidrio de Venecia.
(Aparte.)	(Llevarle quiero el humor.)

Carlos	Pues ¿adónde vas? ¿qué intentas?

Gerundio	Llevarte a casa.

Carlos	 Eso no;
	quítate allá, que me quiebras.

Gerundio	¿No ves que yo soy salvilla,
	y puedo llevarte en ella?

Carlos	Pues ven, llévame con tiento.

Gerundio	Eso haré.
(Aparte.)	(¿Hay risa como esta?)
	Vamos, Señor.

(Aparte.)   (Lindo cuento.)

Carlos
(Aparte.)   (Vamos, y el mundo suspenda
                el juicio desta locura
                hasta ver cómo me venga.)

                Fin de la segunda jornada

Jornada tercera

Sala en casa de Carlos.

Gerundio, de estudiante, bien vestido.

> Señores, pierdo el sentido;
> no hubiera el diablo pensado
> arbitrio más acertado
> para haber enriquecido
> mi amo en su suerte abatida,
> que ser loco placentero.
> Manando estoy en dinero,
> en regalos y en comida.
> Ayer buscaba mendrugos,
> y hoy, por lo que mueve a risa,
> hay a mi amo más prisa
> que a banasta de besugos.
> Como yo, por su quimera,
> a lo escolástico va,
> y le llaman todos ya
> el licenciado Vidriera.
> Todo lo que él pretendía,
> por su locura ha alcanzado,
> pues ya del Duque estimado,
> entra a verle cada día.
> Pompeyo, que una abadesa
> era en su atención prolija,
> ya le lleva a ver su hija;
> Lisardo le da su mesa;
> y los que en su suerte escasa
> nos dejaban por pobretes,

andan agora a puñetes
porque vamos a su casa.
Todos le buscan, y a ver
su locura hay tanta priesa,
que está a mi elección la mesa
donde quiero ir a comer.
¡Qué premios ni qué bambollas
hay como esta autoridad,
pues para mí en la ciudad
se ponen treinta mil ollas!
A la plaza mi alegría
los que compran sale a ver;
quien lleva más que comer
me tiene allá a mediodía;
y soy tan bien recibido,
que saco destas tragedias
el doblón, el par de medias,
los cabos de oro, el vestido;
y tanto creciendo van
las alhajas por momentos,
que tengo tres aposentos
como tiendas de chalán.
Y tanta opinión alcanza
mi caudal, que lo hago trato,
pues me han ido a alquilar hato
para vestir una danza.
No hay día que algo no toco.
Señores, el juicio pierdo;
¡que haya hombre que sea cuerdo,
valiendo tanto el ser loco!
Pudiera haber dado hallazgo
por tan dichosa locura,
porque es cosa, si le dura,

de fundar un mayorazgo.
Y porque vean las gentes
cuál es el mundo, a escuchar;
que ya es hora de empezar
a venir los pretendientes.

Criado 1, Gerundio.

Criado 1 ¡Ah de casa!

Gerundio   El tono afile.

Criado 1 ¿Está en casa el Licenciado,
Gerundio?

Gerundio   ¿No le ha encontrado?
Si no ve usted, despavile.
¿De qué parte?

Criado 1   De palacio.
El Duque: que hoy os espera,
que llevéis a Vidriera,
y que no vais tan de espacio,
porque a Casandra entretiene,
y ayer muy tarde llegó.

Gerundio Diga usté al Duque que yo
ando como me conviene;
y diga usted que no quiero,
por apresurar los plazos,
que se haga mi amo pedazos;
que vale mucho dinero.
Yo iré a lograrle esa gloria,

si me acuerdo de cumplillo.

Criado 1   (Dale un anillo.)
             Poneos al dedo este anillo.

(Vase.)

Gerundio   Con eso tendré memoria.
             Señores, esto es medrar;
             ya mi amo a Laura tuviera,
             si loco vuelto se hubiera
             desde que empezó a estudiar.

Criado 2, con dos capones. Gerundio.

Criado 2   ¿Está en casa el Licenciado,
             Gerundio?

Gerundio   A misa se fue.

Criado 2   ¿No es usted?

Gerundio   Pues si me ve,
             ¿por qué pregunta el menguado?

Criado 2   Don Fabricio, mi señor,
             bautiza un hijo esta siesta,
             y porque alegre la fiesta,
             pide que le hagáis favor
             de llevar a Vidriera;
             que gusta de sus razones;
             y que este par de capones
             os acuerde de que espera.

Gerundio	Que iré de muy buena gana;
	y diga usted que quisiera
	llevarle allá a Vidriera
	y al marco de la ventana.

Gerundio   Que iré de muy buena gana;
       y diga usted que quisiera
       llevarle allá a Vidriera
       y al marco de la ventana.

Criado 2   Adiós.

Gerundio   Aún falta otro oficio.

Criado 2   ¿En qué?

Gerundio   En poner esta historia
       en mi libro de memoria.
       Diga el nombre.

(Saca un libro de memoria, y escribe en él.)

Criado 2   Don Fabricio.

Gerundio   ¿Apellido?

Criado 2   Macarrones.

Gerundio   ¿No es bautismo?

Criado 2   Sí, Señor.

Gerundio   ¿Qué calle?

Criado 2   La del Cantor.

Gerundio   Propia calle de capones.

Ya está entre otras infinitas.

Criado 2   Mire usted que mi amo espera.

(Vase.)

Gerundio   Con esto, en saliendo fuera,
            voy cumpliendo mis visitas.

Criado 3, con un jamón y una bota de vino. Gerundio.

Criado 3   ¡Señor Gerundio!

Gerundio   Bribón,
            ¿Gerundio a secas a mí?
(Aparte.)   (Según esto da de sí,
            ya es hora de entrar en don.)

Criado 3   Pues ¿en qué ha estado el error?

Gerundio   ¿Gerundio a un rico llamáis?

Criado 3   Pues ¿cómo ahora os nombráis?

Gerundio   Don Gerundio, y monseñor.

Criado 3   Pues yo os daré un don, y dos,
            tres y cuatro.

Gerundio   Y treinta y nueve;
            que al rico el don se le debe,
            porque tiene don de Dios.

Criado 3   Celio Fióstegui, mi amo,
             casa una hermana esta noche,
             y dice que enviará el coche
             por Vidriera.

Gerundio   Aquí llamo.
             ¿Fióstegui?

Criado 3   Bien lo ha entendido.

Gerundio   No pensé, así Dios me haya
             que había fuera de Vizcaya
             esdrújulos de apellido.

Criado 3   Y envía un jamón y este vino,
             que os acuerde al salir fuera
             que os espera.

Gerundio   Hombre que espera,
             harto es que envíe tocino.
             Ponerlo en memoria quiero;
             que yo iré con mucho gozo.
             ¿En qué calle?

Criado 3   La del Pozo.

Gerundio   Y el vino ¿es de tabernero?

Criado 3   No, sino greco.

Gerundio   Latino
             quisiera yo. Ya está en nota.
             Vaya usted; que con la bota

iré yo allá de camino.

(Vase el criado.)

Gerundio; luego, Carlos.

Gerundio   ¡Jesús, lo que se acumula
              de visitas que hay que andar!
              Ello no puede pasar
              sin echar luego una mula.
              Mas ya mi amo suena en casa.

Carlos
(Dentro.)   ¡Gerundio!

Gerundio   ¿Señor?...

Carlos
(Dentro.)   ¿Es hora?

Gerundio   ¿Cuánto va que sale ahora
              con que se ha quebrado un asa?

Carlos (Dentro.)   ¿Hay algo en que tropezar?

Gerundio   Todo está llano, Señor.

Carlos (Dentro.)
              Míralo.

Gerundio   Pierde el temor.

(Sale Carlos.)

Carlos   Tú has de venirme a quebrar.

Gerundio   Esos temores ataja;
                que de ti cuidando estoy,
                y he hecho, porque salgas, hoy
                una vasera de paja
                llena de algodón.
(Aparte.)   (Señores,
                no es mucho que a esto haya prisa;
                que yo me muero de risa
                de tan graciosos temores.
                Pero llevarle el humor
                es fuerza, y disimular.)
                ¿Quieres venirte a envasar?

Carlos
(Aparte.)   (En mi intento, la mayor
                advertencia mía ha sido
                engañar este criado,
                pues a todos ha engañado
                verle a él tan persuadido
                a mi fingida locura.
                Y esto funda la venganza
                que por esta destemplanza
                ha de tomar mi cordura
                (cuando a ocasión oportuna
                logre el intento que aguardo)
                del Duque, Laura y Lisardo,
                y aun de mi misma fortuna.
                Mas si yo a Laura perdí,
                ¿qué venganza me apercibo?
                Cielos, no sé cómo vivo

cuando me acuerdo...) ¡ay de mí!

Gerundio   Señor, ¿qué te ha sucedido?

Carlos   Es que me he dado un porrazo.

Gerundio   ¿Te has quebrado algún pedazo?

Carlos   No, mas pienso que se ha hendido.

Gerundio   Pues bebe un trago siquiera.

Carlos   Pues ¿qué importa en casos tales?

Gerundio   Para mirar si te sales,
            te pondré un poco de cera;
            que hoy el vidrio es menester
            que esté sano, porque estoy
            para ir a mil casas hoy,
            que en ti desean beber.

Carlos   ¿Dónde?

Gerundio   A palacio, y pasadas
            de treinta o cuarenta bodas;
            y te han de llenar en todas
            de bebidas regaladas.
(Aparte.)   (Como yo le diga aquí
            que es vidrio, está muy contento.)

Carlos
(Aparte.)   (¡Qué bien ayuda a mi intento
            la burla que hace de mí!)

Pues vamos sin dilación,
y llévame paso a paso.

Gerundio
(Aparte.)

(En diciéndole que es vaso
se alegra, que es bendición;
mas lo vano aún se está entero,
que por poco el otro día
me mata porque decía,
que era vaso de alojero.)
Pues Señor, si has de salir,
sea primero a palacio.

Carlos
(Aparte.)

Vamos andando despacio.
(Que desto se ha de inferir
tal afrenta a mi enemigo,
tal vergüenza a los ingratos,
que han de ser sus mismos tratos
mi venganza y su castigo.)

Gerundio
(Aparte.)

Pues ven, te llevaré en peso.
(Yo le hago creer cuanto quiera.)
¿Te meteré en la vasera?

Carlos

Más seguro voy con eso.

Gerundio

Parecerás orinal.

Carlos

¿Qué dices, loco, traidor?

Gerundio
(Aparte.)

(Tome si purga.)
Señor,

que eres vaso de cristal.

Carlos
(Aparte.)   (Así a no dudar le obligo.)
                   ¿No sabes tú lo que soy?

Gerundio   Si confesándolo estoy,
                   ¿por qué te enojas conmigo?

Carlos   Porque siendo un vaso rico,
                   con verte mi intento creer,
                   no tengo yo que temer
                   que me quiebres por el pico.

(Vase.)

Gerundio   ¿Hay tan graciosa porfía?
                   ¿Quién del vidrio no se ríe?
                   Yo le he de hacer que se envíe
                   a una dama por sangría.

(Vase.)

Sala del alcázar.

Laura, Celia.

Laura   Celia, nada me consuela,
                   déjame ya en mi martirio
                   sentir mi dolor por deuda,
                   llorar mi mal por alivio.
                   ¿Cómo quieres que no llore?
                   Que era doblar el delito,

ser esquiva al sentimiento,
siendo ingrata al beneficio.

Celia   ¿Qué beneficio, Señora,
de un pobretón, de un mendigo,
que aunque el beneficio hiciera,
la colación nunca hizo?
¿Qué fineza ha hecho por ti,
si no es decir que es de vidrio?
Y ¿porque hoy le usan las damas
le agradeces el capricho?

Laura   ¡Ay Celia! ¿no fue fineza
verse de mí despedido
por pobre, y por merecerme
intentar para ser rico
de las armas y las letras
los dos seguros caminos?
Y acertándolos entrambos,
ver el premio merecido
tan lejos de su esperanza,
que viendo que era preciso
perderme, por no alcanzarme,
perdió, con mi mano, el juicio?

Celia   El juicio, Señora mía,
él no le perdió de fino,
sino de bobo, porque
si él intentaba ser rico,
¿quién le metió en ser soldado
ni en estudiar silogismos?
Metiérase a despensero,
tratara de encerrar trigo,

estancara las cebollas
o tratara de aguar vino;
que estos son oficios todos
con que es tan cierto el ser rico
de la noche a la mañana,
como tres y dos son cinco.
Mas ya que él fue mentecato
y hoy es la risa de Urbino,
¿te ha de hacer llorar a ti
lo que todos nos reímos?
¿No te casas con Lisardo?
¿No es ya el Duque tu padrino?
¿No es tu madrina Casandra,
y está todo prevenido
con festines y saraos,
porque el Duque, de camino
logra en la boda, y Casandra,
tu festejo y su cariño?

Laura   Calla, Celia, no prosigas;
basta que el silencio esquivo
de mi obediencia me mate.
¿Yo a Lisardo? ¡Ay Carlos mío!
Bien sabe el cielo que yo
no tuve en mi mano arbitrio.

Celia   Señora, no te despeches;
que dará tu llanto indicio,
naciendo de tu piedad,
a que tiene otros motivos;
mira que sale Casandra.

Casandra, Damas. Dichas.

Laura (Aparte.)(Por ella ¡ay Dios! me reprimo.)

Casandra   ¿No ha venido Vidriera?

Celia   Ya por él, Señora, han ido.

Casandra   Ni más graciosa locura
             ni tan extraño capricho
             vi en mi vida; él me divierte
             de modo, que solicito
             con el Duque que a palacio
             le traigan.

El Duque. Dichos.

Duque   Y yo en serviros
             desvelo tanto el deseo,
             que ya la fortuna envidio
             de un loco, pues logra en vos
             la dicha de ser oído;
             pero si por loco gana
             vuestra atención, mis sentidos,
             de mi amor en el exceso,
             la merecen por lo mismo.

Casandra   No, Señor; que la atención
             que en mi decoro os permito,
             se la debo yo a las vuestras;
             y creed que, agradecido
             mi afecto, pasar dejara
             esta atención a cariño,
             a ser cierto el casamiento

con el marqués Federico
y la duquesa Camila,
pues siendo esto cierto, libro
mi palabra del empeño.

Duque   Pues ya dudar no permito
su fortuna a mis deseos;
que eso es cierto.

Gerundio, Carlos, Criados. Dichos.

Gerundio
(Dentro.)   Entren quedito,
señores; no me le quiebren.

Duque   Ya Vidriera ha venido.

Laura (Aparte.)(¡Cielos, que a esto llegó Carlos!
Sin mí estoy cuando le miro.)

(Salen.)

Gerundio   Entra, Señor, poco a poco.

Carlos
(Aparte.)   (¡Qué bien logro mis designios!)
¿Hay dónde ponerme aquí?

Gerundio   Pues ¿no? un aparador rico,
y una fuente y dos toallas;
que así debe entrar un vidrio
tan principal como tú
a ver un duque de Urbino.

(Vanse los criados.)

Carlos   Véme llevando delante;
          mas, ay infeliz, ¡qué miro!
          ¡Que me quiebran, que me quiebran!
          Traidor, ¿a qué me has traído?
          Que todos estos me quiebran.
          Sácame de aquí, enemigo.

Gerundio Alto: la furia le ha dado.

Casandra ¿Hay más gracioso capricho?

Duque   ¿De qué huye?

Gerundio   Está furioso.
          Señor, detente por Cristo;
          mira que estás sin vasera,
          y puedes hacerte añicos.

Carlos   Pues ¿por qué me la has quitado?

Gerundio Pléguete Cristo conmigo;
          pues si entras a ver al Duque,
          ¿no había de traerte limpio?

Carlos   Pónmela, y vámonos luego.

Gerundio Señor, que no la he traído,
          que venías en salvilla.
          Señor, esto va perdido,
(Aparte

al Duque.)   (Dénme algo con que engañarle;
                que si no, dará mil gritos.)

Duque   Pues ponle aquesta cadena.

Gerundio   Con eso vendrá, esto pido.

Carlos
(Aparte.)   (La codicia del criado
                me logra el intento mío.)

Gerundio (A Carlos.)   Señor, no hay que tener
                miedo,
                pues ya está engastado el vidrio
                en oro, porque aunque caiga
                no se quiebre. Ea, pasito,
                ven acá.

Carlos   ¿Dónde me llevas?

Gerundio   Aquí a un escaparatico,
                donde estarás muy hermoso
                entre otros dijes muy lindos.

Duque   Ponedle en medio una silla.

Gerundio   Mírate, Señor, ¿no has visto
                qué bellas son las alhajas
                que a tu lado están?

Carlos   Ya miro
                que todos son buenas piezas.

Celia   Laura, ¿que no te has reído
               de tan graciosa locura?

Laura   (Aparte a Celia.)
               (Cuando veo su delirio,
               yo lloro lo que tú ríes,
               porque yo la causa he sido
               de la desdicha de Carlos.)

Carlos
(Aparte.)   (Lastimada a Laura miro
               de mi ultraje, pero presto
               le haré yo decoro mío.)

Gerundio   (Aparte al Duque.)
               (Ya que él está sosegado,
               háblenle de su capricho;
               que irá diciendo bellezas.)

Casandra   De cuanto dice me río.

Duque   ¿Quién era el que así os quebraba?

Carlos   Vos el primero, vos mismo,
               porque habiendo yo de vos
               con mis obras merecido
               estimación, agasajo,
               premio, honor y beneficio,
               para el vidrio de mi suerte
               tal dureza habéis tenido,
               que le habéis hecho pedazos,
               pues por vos quebrado miro
               el cristal de mi fortuna.

Casandra   ¡Qué graciosos desvaríos!

Duque   ¿Yo con vos tengo dureza?

Carlos   Sí, Señor, en el olvido;
             pues cuando mi noble aliento
             fue para vos vaso rico,
             por donde a beber llegasteis
             mil aplausos en Urbino,
             le quebrasteis, olvidando
             su decoro cristalino;
             que los duques, sin memoria
             de los honrados servicios,
             no son duques, sino piedras.
             Mirad si duro habéis sido.

Gerundio   Eso todo serán cantos.
             Y aunque tope en los hocicos,
             imagina que es guijarro.

Duque   Pues ya de vos me desvío.

Carlos   También esta, que me quiebra.

Casandra   ¿Laura?

Carlos   Esa misma, esa digo.

Casandra   ¿Por qué?

Carlos   Porque cuando amante
             la solicitaba fino,

en el mar de su belleza
era yo bajel de vidrio,
y en ella me hice pedazos,
porque cuando mi albedrío
la buscaba como puerto,
me recibió como risco.

Laura (Aparte.)(Esta queja no es de loco.)

Casandra   Según eso, yo no he sido
de los que os quiebran.

Carlos   ¿Vos no?
La primera; que el peligro
de quebrarme visteis vos,
y olvidada de mi brío,
de mis honradas finezas,
no quisisteis ser testigo,
y me dejasteis quebrar.

Gerundio   Él os sacará aforismos
para que un colchón le quiebre.

Pompeyo, Lisardo. Dichos.

Pompeyo   Señor, ya está prevenido
todo lo que habéis mandado.

Lisardo   Y yo, Señor, os suplico
que no dilatéis mi dicha.

Duque   Lisardo, por lo que envidio
a los que logran su amor,

yo mismo lo solicito.
Señora, ya que queréis,
para más favor, conmigo
honrar a Laura y Lisardo,
que no se dilate os pido
su dicha, ya prevenida,
por la que yo participo
de apadrinarlos con vos.

Casandra   Señor, no tengo albedrío
yo para vuestros preceptos;
que siempre tardo en cumplirlos.
Laura, vamos.

Laura   Yo, Señora,
solo a obedecerte asisto;
(Aparte.)   (Aunque esto será mi muerte,
pues a Carlos he perdido.)

Lisardo   El parabién a mi pecho
da mi amor, habiendo oído
que vos acatéis el plazo
que a mi ventura previno
la estrella que en vos me rige
para acertar a serviros.

Carlos   ¡Que me quiebra, que me quiebra!

Duque   ¿Quién os quiebra?

Carlos   Ese enemigo,
ése, que trae en la mano
para matarme, escondido,

el canto de una traición,
con que me ha dado en el vidrio.

Gerundio   Señor, nadie te ha tocado.

Carlos   Si tal, traidor, que hizo el tiro,
y dando en Laura primero,
resultó en mí.

Casandra   Su capricho
le hace apasionar de veras.

Duque   Recogedle, y den principio,
Pompeyo, luego al sarao.

Pompeyo   Ya está todo prevenido.

Duque   Pues vamos.

Casandra   (Coge una bujía.)
            Ya os obedezco.

Duque
(Se la quita.)   No tiene en la luz dominio
el que se alumbra con ella.

Casandra   Porque me sigáis lo admito.

(Vase con las damas.)

Duque   Lisardo, al lado de Laura.

(Vase.)

Lisardo   Ya mi fortuna confirmo.

Laura (Aparte.)(Y yo mi desdicha. ¡Ay Carlos,
                si sintieras, qué martirio!)

(Vase, y tras ella Lisardo.)

Pompeyo   Si hoy queda Laura casada,
               no hay que esperar otro alivio.

(Vase.)

Carlos, Gerundio.

Carlos   ¿Dónde se van?

Gerundio   A casarse.

Carlos   ¿Qué dices, Gerundio amigo?
               ¿A casarse? ¡Ay infeliz!
               Laura, Señora, bien mío.
               Ya de aquí pasar no pueden
               mis fingidos desatinos,
               ya yo pierdo la razón,
               ya es de veras mi delirio.
               ¡Esto permiten los cielos!
               Laura hermosa; mas ¿qué digo?
               Laura cruel, Laura ingrata;
               Laura no, laurel esquivo,
               que el Sol de mi amor huyendo,
               en tronco te has convertido.
               Tronco eres ya a mis finezas,

tronco a mis tiernos cariños;
pues si ya en tronco te has vuelto,
¿de qué sirve el llanto mío;
sino que regando el suelo,
donde te has endurecido,
con mi mismo llanto crezca
la causa del llanto mismo?
¡Ay de mí! ¡ay Laura cruel!

Gerundio ¿Qué es aquesto? ¡Vive Cristo,
que se acuerda que es de carne,
aunque piensa que es de vidrio!
¿Señor?

Carlos   Déjame morir,
solo morir solicito.

Gerundio Señor, mira que te quiebras.

Carlos ¿Por dónde me quiebro?

Gerundio   A gritos;
que a voces se quiebra un hombre
más fácilmente que un vidrio.

Carlos Plegue a los cielos, cruel,
que adores siempre un desvío,
que ofendas con tus finezas,
que canses con tus suspiros,
y que viendo el desengaño
de amor desagradecido,
crezca la llama en tu pecho,
si el olvidar es alivio.

Mas ¿cómo solo me quejo
de su rigor, si el delito
es de tantos que me ofenden?
Ya, cielos, está cumplido
el plazo de mi venganza.

Gerundio   Mucho hablas para ser vidrio.

Carlos   Ya no soy vidrio, Gerundio;
de bronce soy, pues resisto
este golpe a mi fortuna.

Gerundio   Esta es otra; ¡Jesucristo!
¿De bronce eres? ¡Pieza nueva!
Ve mudando de caprichos,
que con eso te harás de oro;
mas ¿qué haremos, Señor mío,
del algodón y la paja
que he comprado para el vidrio?

Carlos   Bronce soy y mármol duro.

(Dale.)

Gerundio   Pesia el alma que te hizo,
pues, sabiendo que eres bronce
¿vas a darme en los hocicos?
Ya tú te has vuelto el que quiebras.

Carlos   No estoy en mí.

Gerundio   Ya lo miro;
que si estuvieras tú en ti,

no hubieras dado conmigo.

Carlos   Comience ahora mi venganza, cielos.
           Ya la experiencia que intenté he logrado,
           ya ciertos han salido mis recelos;
           pues vea el mundo, ya desconcertado,
           el ciego y torpe error de su mudanza,
           y de su afrenta nazca mi venganza.
           Gerundio amigo, pues fiarme puedo
           de ti, solo a tu oído la concedo.

Gerundio   ¿Cómo me hablas así?

Carlos   Calle tu labio
           hasta ver la venganza de mi agravio.
           ¿Tienes algún dinero?

Gerundio   ¿Eso preguntas?
           Mucho más tengo que diez cajas juntas
           de ginoveses; tengo un pozo de oro,
           y en las alhajas lo que tengo ignoro.

Carlos   ¿Tanto dinero tienes?

Gerundio   Y aún es poco:
           ¿sabes tú lo que has hecho con ser loco?
           Si dos meses te dura,
           coche puedes echar con tu locura.

Carlos   ¿Que en fin la debo tanto beneficio?

Gerundio   Ruégale a Dios que no te vuelva el juicio;
           que como gastes de esas temas frías,

has de ser duque dentro de seis días.

Carlos   Yo erré el camino.

Gerundio   Claro está que erraste
cuando por estudiar te desvelaste,
cuando a la guerra fuiste,
y la victoria con tu sangre diste
al Duque: que si ser rico intentabas,
y fueras loco tú desde primero,
te vieras ya más rico que un logrero.

Carlos   Pues ¿podrásme vestir honradamente,
para que pueda parecer decente
en esta boda?

Gerundio   Pesia el alma mía;
podré sacarte más galán que el día,
y yo a tu lado añadiré decoro,
que iremos hechos unos pinos de oro.
Mas ¿para qué, Señor, es este intento?

Carlos   Para dar a entender mi entendimiento.

Gerundio   ¿Qué haces hombre? ¿No ves que te destruyes?
Pues ¿tienes este bien, y le rehuyes?
Por Dios que no seas cuerdo, señor mío,
que volveremos a morirnos de hambre.

Carlos   Esto le importa a las venganzas mías.

Gerundio   Suspéndelo por Dios por quince días;
que nos importa más de mil ducados.

Carlos   Ya no tienen más plazo mis cuidados.
          Vamos, amigo, y disimula ahora.

Gerundio   ¿Nos vamos a vestir?

Carlos   Pues ¿quién lo ignora?

Gerundio   Vamos: mas viendo aqueste beneficio,
            vive Dios, que estás loco en tener juicio.

(Vanse.)

Salón del alcázar.

Pompeyo, Laura.

Pompeyo   ¿Qué es esto? ¿con llanto ahora,
           Laura, ultrajas tu belleza,
           cuando Lisardo te adora,
           cuando vas a ser señora
           de su pecho y su riqueza?
           ¿Qué inquietud, qué novedad
           mueve a tal demostración,
           Laura mía, tu beldad?

Laura   Señor, llora mi piedad
         delitos del corazón.
         No puedo hacer resistencia
         a este dolor, y si aquí
         le publico en tu presencia,
         sabrás lo que puede en mí
         tu precepto y mi obediencia.

Lo primero, has de asentar
que yo he de ir a obedecerte;
lo segundo, has de juzgar
que es lo mismo irme a casar
con Lisardo, que a mi muerte;
no por tenerle aversión,
sino por ser el empeño
de tener yo inclinación
a quien con mucha razón
pensé que fuese mi dueño.
La inclinación, padre mío,
es efecto natural,
que no manda el albedrío;
publicarla es desvarío,
pero no con causa tal.
Tú le habías prometido
a Carlos, sin duda alguna,
que le harías mi marido,
si de su estado abatido
mejorase la fortuna.
Él la buscó, y su valor
a enmendar llegó su suerte,
pues la mereció mejor;
luego el tenerle yo amor,
viéndolo, fue obedecerte.
Porque aunque a él no le dio
la fortuna medra alguna,
si vi que la mereció,
¿por qué había de ser yo
ciega como la fortuna?
Cuando él llegara a tenella
debía yo quererle bien;
pues no hacerlo al merecella,

porque fue injusta su estrella,
fuera serlo yo también.
Si por su infelicidad
perdió el juicio, más violento
fuera olvidar mi piedad
quien perdió el entendimiento
por tenerme voluntad.
Esta es, Señor, la razón
por qué llora mi pesar:
porque siente el corazón
tener una obligación
que no ha podido pagar.
Mas yo, Señor, he cumplido
con él, contigo y mi amor:
con él, en lo que he querido;
conmigo, en este dolor,
y a ti, en haberle vencido.
Este amor hizo mi suerte,
y publicando el dolor
que me ha de dar esta muerte,
cuanto te debe mi honor
es irme ya a obedecerte.

(Vase.)

Pompeyo   ¡Válgame el cielo! ¿qué he oído?
Ni aun culpar su atrevimiento
puedo, pues verdad ha sido;
que aun yo en su queja me siento
también desagradecido.
Si Carlos... Mas ya no tiene
remedio: sin juicio está;
y ya el sarao se previene.

Con Lisardo el Duque viene,
de quien es la suerte ya.

Carlos y Gerundio, muy galanes y con máscara. Pompeyo.

Carlos   (Aparte a Gerundio.)
                (Ven conmigo; que los dos
                hemos de entrar al sarao.)

Gerundio   Bien puedes desencogerte;
                que vas, por Dios, más bizarro,
                más galán y más airoso
                que un toreador acabando
                de hacer una buena suerte.

Carlos   Ya a empezarle van llegando
                galanes y damas, llenos
                de flores y de penachos.

El Duque, Casandra, Laura, Lisardo, Músicos, Acompañamiento.
Dichos.

(Salen en forma de sarao; y en acabándose de cantar la copla, se
descubren todos.)

Música   A la unión más venturosa
                que amor coronó en su aplauso,
                triunfo de gala y belleza
                salen abriles y mayos.

Duque   El sarao proseguirá
                en estando desposados
                Lisardo y Laura.

Carlos   (Al Duque, y luego a Casandra.)
                        Y el cielo
              les dé entre favores tantos
              logro a unión tan venturosa,
              gozando destos aplausos,
              que ni la cansen las horas
              ni la deshagan los años.
              Y en gracia siempre del Duque,
              favores que honren a entrambos
              del Sol vuestro, gran señora,
              resplandezcan a los rayos.

Casandra   ¡Qué miro! ¿no es Vidriera?

Gerundio   Y antes fino vidriado.

Duque   ¿Qué es esto?

Carlos   No os admiréis,
              gran Señor, que yo soy Carlos.

Duque   Pues ¿con qué cura o prodigio
              tan presto habéis restaurado
              el juicio?

Carlos   Si lo queréis
              saber, Señor, escuchadlo.

Laura   Cielos, ¿qué es esto que miro?

Duque   Decid; que atentos estamos.

Carlos   Pues si yo lo he de decir,
           vos, gran Señor, y el teatro
           del mundo esta vez permitan
           repetir lo que ha pasado;
           porque es fuerza que se enlace
           el remedio con el daño,
           y por dar cuenta del uno
           se han de referir entrambos.
           Deuda ya, Señor, es vuestra
           saber mi nombre, y de cuantos
           me escuchan, ninguno ignora
           de mi noble sangre el lauro.
           Y si ya acaso os lo ha dicho
           Pompeyo, que enamorado
           de Laura, en mi tierna edad
           la pedí su hermosa mano;
           que despreció mi pobreza;
           pero mi sangre estimando,
           para mejorar fortuna
           le dio a mi esperanza un plazo;
           que con ella fui a buscarla,
           y por las letras, mi aplauso
           y mis estudios, me dieron
           en Bolonia el primer grado;
           que mi pluma os ganó en Roma
           vuestra justicia, probando
           en tres sentencias, de Urbino
           el derecho hereditario;
           que a pediros vine el premio
           que os merecí; y por hallaros
           embarazado en la guerra,
           dejé las letras y al campo
           salí, donde por la pluma

troqué la espada a la mano,
porque igualasen sus filos
el mérito de sus rasgos;
que yo os gané la victoria,
pues yo fui quien en sus brazos,
sacó a Casandra, rompiendo
por escuadrones contrarios,
de que ella misma es testigo;
y se la entregué a Lisardo,
porque él lo fuese también
de mis alientos bizarros.
Mas en esta acción, Señor,
se verá cuán desdichado
nací, pues teniendo esfuerzo
para un empeño tan alto,
no pude enmendar mi estrella,
llevando el cielo en la mano.
Que yo gané la colina,
volviendo vuestros soldados,
que ya huían; que prendí
a Federico, y bañando
con mi sangre vuestras plantas,
me encargasteis a Lisardo;
que olvidó vuestro precepto
y su obligación, ingrato:
pues siendo así que en el riesgo
le libré de sus contrarios
(y a costa de mis heridas
salió de peligro tanto),
que con la pluma le di
posesión del mayorazgo
que posee, no solamente
me privó de vuestro amparo,

sino que porque de Laura
solicitaba la mano,
y pudieran vuestros premios
coronarme de su aplauso,
para que no fuese oído
me dejó llegar a estado
tan mísero y abatido.
Que aun del alimento falto,
me sustentó muchos días
en tan prolijos trabajos
la limosna que buscaba
a mi pobreza un criado.
Viéndome destituido
de todo favor humano,
con tantos merecimientos,
lleno de desprecios tantos,
de vos jamás atendido,
de Pompeyo despreciado,
sin favor de Laura bella
y ofendido de Lisardo,
me fingí loco, por dar
a los hombres desengaño,
a la ingratitud afrenta,
y venganza a mis agravios.
Pues siendo así que por docto,
por valiente, por bizarro,
por discreto, noble y fino,
y en fin por méritos tantos
ni de vos merecí premio,
ni de mi dama agasajo,
ni lealtades de mi amigo,
ni de la piedad amparo;
al punto que por ser loco

fui risa de cortesanos,
deleite de poderosos,
desprecio de mis contrarios,
por loco con vuestra alteza
entrada tuve en palacio;
por loco os hablé, y no pude
por noble, valiente y sabio;
por loco, Pompeyo a Laura
me llevó, y los agasajos
que no merecí por fino,
me hizo por loco su agrado;
por loco, para con vos
me dio su favor Lisardo,
y fue a mi locura amigo
quien fue a mi razón ingrato.
Por loco, para mí fueron
liberales vuestras manos;
porque el loco no agradece,
y no permite al ingrato
el cielo hacer beneficios
sino cuando son en vano.
Por loco, en fin, gran Señor,
me vi lleno de regalos,
de favores, de riquezas.
Y el lucimiento que traigo
se le debí a la locura,
porque estudiante y soldado
contó siempre mi vestido
sus méritos en pedazos.
Y pues es el mundo tal
y los que tienen su aplauso,
que dan el favor a un loco
que niegan a un hombre honrado,

no quiero más premio dél
ni dellos que el desengaño.
Y habiéndolo conocido,
que lo conozcan tan claro,
que no lo puedan negar:
que esto quiero por aplauso
de mis honradas finezas,
por premio de mis trabajos,
por paga de mis servicios.
Y si por haberle dado
con algún atrevimiento
tan notorio desengaño,
se ha ofendido vuestra alteza,
a sus pies estoy postrado;
ponga en ellos mi cabeza,
que ya otro premio no aguardo.

Casandra Corrida, Señor, escucho
un suceso tan extraño,
teniendo en vos tanta parte
la justa queja de Carlos.
Y si en mi ruego hay poder
para mover vuestra mano,
os suplico que desmienta
su fortuna y el agravio
que la ingratitud le ha hecho.

·Laura Y yo, Señor, que este cargo
no se entienda por mi culpa,
cuando queriendo yo a Carlos,
por no admitirle mi padre,
de su obediencia me arrastro.

Duque   Deste yerro solo ha sido
               toda la causa Lisardo;
               y pues él tiene la culpa,
               no le dé Laura la mano.
               Y pues por mi cuenta corren
               las conveniencias de Carlos,
               yo le haré tantas, que quede
               el yerro desempeñado,
               y esposo de Laura sea.

Casandra   Pues porque veáis que os pago
               con más agradecimiento,
               esta, Señor, es mi mano.

Duque   Con el alma la recibo.
               Dásela tú, Laura, a Carlos.

Laura   Yo, con el alma y la vida.

Carlos   Pues llegue Laura a mis brazos.

Gerundio   La boda será allá dentro;
               y aquí, discreto Senado,
               se da, con vítores vuestros,
               fin dichoso al Licenciado
               Vidriera, sin novela,
               y las fortunas de Carlos.

               Fin de la comedia

Libros a la carta

A la carta es un servicio especializado para
    empresas,
    librerías,
    bibliotecas,
    editoriales
    y centros de enseñanza;
    y permite confeccionar libros que, por su formato y concepción, sirven a los propósitos más específicos de estas instituciones.

Las empresas nos encargan ediciones personalizadas para marketing editorial o para regalos institucionales. Y los interesados solicitan, a título personal, ediciones antiguas, o no disponibles en el mercado; y las acompañan con notas y comentarios críticos.

Las ediciones tienen como apoyo un libro de estilo con todo tipo de referencias sobre los criterios de tratamiento tipográfico aplicados a nuestros libros que puede ser consultado en Linkgua-ediciones.com.

Linkgua edita por encargo diferentes versiones de una misma obra con distintos tratamientos ortotipográficos (actualizaciones de carácter divulgativo de un clásico, o versiones estrictamente fieles a la edición original de referencia).

Este servicio de ediciones a la carta le permitirá, si usted se dedica a la enseñanza, tener una forma de hacer pública su interpretación de un texto y, sobre una versión digitalizada «base», usted podrá introducir interpretaciones del texto fuente. Es un tópico que los profesores denuncien en clase los desmanes de una edición, o vayan comentando errores de interpretación de un texto y esta es una solución útil a esa necesidad del mundo académico.

Asimismo publicamos de manera sistemática, en un mismo catálogo, tesis doctorales y actas de congresos académicos, que son distribuidas a través de nuestra Web.

El servicio de «libros a la carta» funciona de dos formas.

1. Tenemos un fondo de libros digitalizados que usted puede personalizar en tiradas de al menos cinco ejemplares. Estas personalizaciones pueden ser de todo tipo: añadir notas de clase para uso de un grupo de estudiantes, introducir logos corporativos para uso con fines de marketing empresarial, etc. etc.

2. Buscamos libros descatalogados de otras editoriales y los reeditamos en tiradas cortas a petición de un cliente.

9 788411 268141